伊丽莎白二世的传奇人生

女王的帽子

Elizabeth II Les Chapeaux de la Couronne

[法]托马·佩尔内特　[英]阿拉斯泰尔·布鲁斯　著

[韩]杰森·赖许　绘　　王柳棚　译

中国出版集团
中译出版社

序　言
AVANT-PROPOS

阿拉斯泰尔·布鲁斯
大英帝国官佐勋章获得者
现任爱丁堡城堡总督

帽子总是引人注目。在本书中，托马·佩尔内特对帽子生动的描写同样吸引了我们的注意，而这些帽子都属于一位被众多女帽设计师服务之人。

曾几何时，世界上的伟大人物都穿着能彰显甚至放大他们地位的独特服饰。在基督教的圣油成为欧洲君主加冕仪式的核心要素之前，法老、皇帝和国王的额头上都会佩戴金环作为装饰物，这种装扮让他们看上去就像一座被供奉的圣殿一般。

1953年6月2日，在加冕仪式上，伊丽莎白二世先涂抹了圣油*，然后佩戴上皇家金匠罗伯特·维纳爵士在1661年为查尔斯二世打造的王冠。

在这一刻，拥抱着上千年的传统以及它所象征的历史，伊丽莎白二世开启了一个崭新的时代。不过，女王也继承了上一辈人的习惯，出门一定会佩戴合适的头饰。在她的一生中，当然也包括近70年的君主生涯，不管是出席哪一个公共仪式，女王都佩戴着帽子。

伊丽莎白二世，
1979年5月在温莎城堡。

* 圣油也称圣膏油，记载在《圣经·出埃及记》30章22~25节，原料主要有没药、香肉桂、菖蒲、桂皮和橄榄油。涂圣油表示"圣灵恩赐的印记"。

一个人所佩戴的帽子可以透露很多关于这个人的信息。帽子很适合那些身材并不高大的人，他们因为所扮演的角色，总是需要处于被关注的焦点上。在这一点上，女王会很清楚地跟她的时装设计师、女帽设计师和负责着装的侍女说："对我们来说，只有被看见才意味着存在。"

当一顶帽子被女王选中，从首次被戴上开始，它便会时常伴随在女王左右。帽子通常被放在女王的贴身位置，跟随她出现在日常生活中的各个场景，从午餐到下午茶，再到返回王宫，最后，帽子会在寝宫的梳妆台前结束自己一天的工作。

除了美学上的考量——事实上，人们几乎不会讨论帽子的品位和颜色，女王的帽子必须实用、舒适和耐磨损，因为君主的职责要求她即使是在天气变化无常的英国，也总是要保持衣着得体。更何况，作为英联邦的元首，女王还必须去有着各种各样极端气候条件的国家和地区访问。

就像她的母亲一样，对伊丽莎白二世而言，帽子是一种沟通工具。1936年爱德华八世退位之后，未来的王太后选择将柔和的语调和有着飘逸宽边的帽子作为自己的标志。通过这种方式，她为处于战争中的英国注入勇气，使她的人民保持了面对困难的坚强。伊丽莎白二世以一种同样优雅的方式继承了这个传统，将她从小就佩戴的帽子铸造成一个强大的象征，不仅为她的时尚品味加冕，还为她的统治添上了一个优美的注脚。

前 言
INTRODUCTION

一直到20世纪40年代末,帽子都是几乎所有女性的必备品。很少有人敢不戴帽子——在当时,衣冠不整意味着极度贫困或不修边幅。最富有的人可能会根据自己的心情,每隔几个小时便更换一顶帽子。帽子是女性衣橱里必不可少的配饰。正如记者兼时尚历史学家杰奎琳·德莫内克斯(Jacqueline Demornex)所说:"如果没有一顶精致的帽子,礼服套装就称不上完美;如果没有羽毛或者华丽的花饰,晚礼服就少了一半的美丽。新帽子最完美的展示平台是哪里?是商场,尤其是餐厅。在餐厅坐下之后,再漂亮的女人也不能凭借其衣服脱颖而出,但在整个用餐过程中,帽子一直处于舞台的中央。这个神奇的装饰物能够修饰一个人的面容和妆发,并让佩戴者最微小的动作都变得戏剧化:掀起面纱、抽烟、喝酒、微笑,每一个动作都笼罩在神秘之中。这不禁让人感叹:'如果没有帽子,女人就无法成为真正的女人……'"[1]

家庭传承

英国王室素来不以引领潮流闻名。1910年,伊丽莎白二世的祖父乔治五世国王登基。他是一个保守的人,他讨厌音乐、舞蹈和涂指甲油的女人!在这样的丈夫身边,玛丽王后几乎没有机会扮演缪斯女神。"然而,很多人不知道的是,她对时尚的兴趣比人们想象的要大得多。而且有的时候,我认为,她私底下一直渴望摆脱帽子和连衣裙，而这些早已成为她形象的一部分了。"² 她的侍女艾尔利伯爵夫人梅贝尔·奥格威（Mabell Ogilvy）在回忆录中如此写道。然而，玛丽王后的努力并没有结果。在 20 世纪 50 年代初，玛丽王后已经 80 多岁了，但她还是一如既往地戴着装饰着羽毛的无边女帽。当时，在伦敦，只剩下最后一位女帽设计师加拉威小姐还知道如何制作这种女帽，而她几乎已经和玛丽王后一样高龄了！³

玛丽王后的儿媳，约克公爵夫人伊丽莎白·鲍斯－里昂（Elizabeth Bowes-Lyon）以活泼的性格和直爽的为人著称，她追随潮流，但又小心翼翼地避免成为时尚偶像。当女帽设计师塔鲁普在 20 世纪 30 年代第一次见到她时，她已经是两个可爱的小女孩——伊丽莎白和玛格丽特的母亲了。"我还记得她的微笑，有着令人难以忘怀的温暖。她无微不至，对人和蔼可亲，让人如沐春风。"⁴ 从王后到王太后，伊丽莎白·鲍斯－里昂终其一生，用她的服饰和帽子为她的国家增光添彩。"在试衣时，王太后非常友好。"另一位宫廷女帽设计师克劳德·圣西尔（Claude Saint-Cyr）回忆道。"她每天早上都会亲自接待我们，并且为我们准备好丰盛的自助餐。因为我们是法国人，自助餐不仅包括鲑鱼和烤面包片，还有牛奶咖啡。她的法语也说得很好，还会背诵《狼和小羊》或者拉·封丹的其他寓言故事。"⁵

在王室中，玛格丽特公主是最会戴帽子的人。她是第一个雇佣女帽设计师西蒙娜·米尔曼（Simone Mirman）的王室成员，而后者很快就被伊丽莎白二世看中了。玛格丽特是一位苛刻的顾客，而且有点异想天开——有一次，她拿来一条她喜欢的摩洛哥地毯，要求米尔曼把它制作成一顶帽子！不过，有风险就有收获……在 20 世纪 50 年代和 60 年代，女王的妹妹是时尚的风向标，与她联系在一起意味着曝光率有保障。每年，当米尔曼展示自己的作品时，媒体都会聚焦在最夸张的款式上，⁶ 然后摆出一副难以置信的表情，提出灵魂拷问："玛格丽特公主真的会戴这样的帽子吗？"⁷

至于伊丽莎白二世，她从来就不是一个"盲目追求时尚的人"。"她太睿智了，不会把自己囿于高级时装的圈套中。她不追求时尚潮流，她喜欢永恒的东西。"她的一位设计师如是说。⁸ 尽管有自己的品味和喜好，但女王意识到她必须远离任何过于商业化、过于新颖和过于大胆的设计。毕竟，她代表着一个传承了千年的制度。用历史学家罗伯特·莱西（Robert Lacey）的话来说，女王的帽子并不是单纯的头饰，而是"王冠的替代品"。

图中这款贝雷帽上装饰着由鸵鸟羽毛制成的绒球,它是由诺曼·哈特内尔(Norman Hartnell)在1947年11月设计的,具体制作由奥格·塔鲁普(Aage Thaarup)完成。

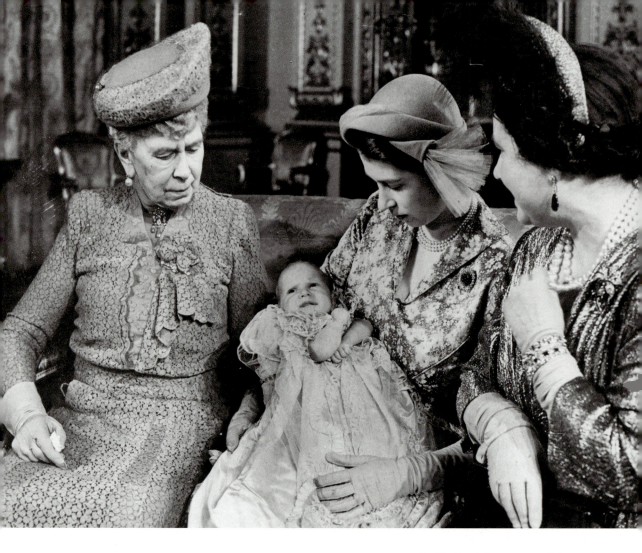

> 1950年10月21日，白金汉宫。从左到右分别是玛丽太王太后、怀抱着安妮公主的伊丽莎白二世（小公主刚刚完成洗礼）以及伊丽莎白王太后。

皇家帽饰的基础知识

女王可能是一生中戴过最多帽子的女人了。在挑选帽子这件事上，她有着非常出色的眼光。她知道自己想要什么，并且明白什么适合自己，什么不适合。她的帽子需要符合严格的规范：它们必须能保证让尽可能多的人从远处看到她。因此，皇家帽饰通常颜色鲜艳，就像女王的服装一样。它们既不能太高，也不能太宽，以免影响女王上下车。另外，最重要的一点是，女王的帽子绝对不能遮住她的脸。不管是参加什么类型的官方活动，女王都会佩戴帽饰。即使是在皇家宅邸的花园里，比如说著名的花园派对，女王也总是戴着帽子。下午6点之后，如果女王要参加晚会或者国宴，她会将帽子换成王冠。只有在私人场合或者度假时，尤其是在骑马的时候，女王会不戴任何头饰，或者仅仅披着一条围巾。"虽然女王可能是世界上最富有的女性之一，但她仍然十分节俭。这从她的帽子就可见一斑。"[9] 一位记者在1982年开玩笑地说道。伊丽莎白二世确实是一位回收专家。从1996年开始便负责女王着装的侍女安吉拉·凯利（Angela Kelly）透露，女王服饰的使用寿命可长达25年。据她介绍："在两到三次亮相之后，一件作品就会为媒体和公众所熟知。因此，我们需要对它进行改造，否则，女王就只能在巴尔莫勒尔堡或者桑德灵厄姆庄园私下里穿戴。"[10]

正因为如此，每顶帽子通常都有好几条命，其中有一些直到第二次或第三次亮相的时候才能创造历史。比如，在1977年银禧庆典上，一顶装饰着铃铛状饰物的粉红色贝雷帽引起了轰动。其实，女王在前一年的蒙特利尔奥运会开幕式上就已经佩戴过这顶帽子了！2017年，女王佩戴的一顶点缀着黄色珍珠花的蓝色帽子因被解读成表明了女王的反脱欧立场而为人熟知，女王甚至不得不放弃再次佩戴它。不过没关系，它被改造了，帽檐上的黄色珍珠花被一个大大的蝴蝶结替代。一帽多戴几乎成了女王的一种责任。

从童年到现在，女王拥有成百上千顶帽子，我们能从中知道些什么呢？这些帽子是多个时尚周期甚至是不同时代的见证者。贝雷帽取代了药盒帽，布列塔尼帽则淘汰了头巾帽。这些帽子的制作材料也是探究不同时代的品味和精神面貌的宝贵线索。在女王的统治初期，毡绒和天鹅绒曾经无处不在，但随着时间的流逝，对这些材料的使用变得越来越谨慎。与此同时，传统的稻草被植物纤维、剑麻或者类似材质代替，这既让头饰变得更加轻盈，也暗示了这一行业所面临的普遍困境。面对需求量的减少（今天谁还每天戴帽子？），帽饰行业的某些子部门已经完全衰退了，很多类型的草帽早就退出了市场。环保观念的出现和普及也改变了行业内的游戏规则。目前，很多种羽毛（例如极乐鸟的羽毛）已经被禁止使用了。另外，自2019年起，王室便宣布不再使用动物毛皮。

至于帽子的形状，如今，它们的线条已经变得十分柔和了。近几年来，除了极少数情况之外，女王所佩戴的帽子形制都基本相同——是一种介于划船帽和钟形帽之间的混合形状。白金汉宫的御用女帽设计师斯特拉·迈凯伦（Stella Mc-Laren）则负责用不同的鲜花和羽毛来装饰它们。乍一看，这些帽子会给女王的侧影一种丰盈的感觉，仿佛赋予了95岁高龄的君主永恒的青春。

1964年10月,加拿大夏洛特敦,伊丽莎白二世头戴皮帽。

为女王陛下服务

在位之初,女王有两位御用服装设计师,一位是哈特内尔,他因给女王设计了1953年加冕仪式的礼服而享誉全球,另一位是哈迪·埃米斯(Hardy Amies)。第三位设计师伊恩·托马斯(Ian Thomas)于1970年加入了他们的行列,他是哈特内尔的学生。为了制作女王陛下必不可少的帽子,三人都聘请了当时最好的女帽设计师。

与在流水线上制作帽子的制帽工人不同,女帽设计师会创作独一无二的款式。因此,他们既是艺术家,也是匠人。长期以来,这一行业一直由女性主导。一些成功的设计师,特别是来自巴黎的,拥有巨大的名气,是两次世界大战之间的名人。在伦敦,如果一个设计师能为王室服务,那就意味着他/她抵达了职业生涯的巅峰。不过,由于缺少档案,很多女帽设计师的工作已经消失在时光的长河中。现在,谁还记得凯特·戴(Kate Day)、罗丝·韦尼耶(Rose Vernier)和博克斯,以及更接近我们这个时代的,曾在20世纪70年代和80年代受雇于托马斯的瓦莱丽·李(Valerie Lee)?这些设计师中的少数幸运儿,更懂得把握机会,不仅获得了王室御用设计师的头衔——王室授权他们成为御用供应商,还设法在时尚发展史上留下了自己的印记。

其中就有丹麦裔的塔鲁普。他在1932就定居伦敦,自1947年开始成为女王的个人服装设计师。女王在20世纪50年代首次对英联邦国家进行的巡访激发了各地的热情,借着这股东风,他在女王在位初期广受大众的欢迎。

与此同时,两位女性设计师圣西尔和米尔曼,也开始了自己在宫廷的首次亮相。

圣西尔是巴黎时尚的代表。她一只脚在法国,而另一只脚则在英国。1953年,圣西尔在伦敦举办了首场个人帽饰展。"我经常在巴黎和伦敦之间旅行。我爱上了伦敦。而正是在这个时候,在是否佩戴帽饰这一方面,法国女性和英国女性之间的态度出现了分歧。在法国,女人们甚至在正式场合也开始不戴任何头饰了,而在英国,女人们则在午餐、下午茶和鸡尾酒晚会之间频繁更换帽子,就像20世纪30年代和40年代的法国那样。"[11] 除了是白金汉宫的御用女帽设计师,圣西尔还因其作为美发师的才能而备受称赞!

来自法国洛林的米尔曼则于1952年开始为王室服务。同一年，她的丈夫塞尔日·米尔曼（Serge Mirman）组织了克里斯汀·迪奥（Christian Dior）在伦敦的第一场时装秀。这对夫妇在贝尔格雷夫广场旁边的切萨姆广场租了一套房子，一楼作为工作室和接待顾客的前厅。"她费尽千辛万苦，终于做出了一顶能够让自己母亲不同寻常的脸型看起来更漂亮的帽子，这是她第一次觉得自己是一个真正的女帽设计师。"[12] 她的女儿苏菲·米尔曼（Sophie Mirman）幽默地回忆道。"如果她觉得帽子不适合自己的顾客，她就会拒绝出售这顶帽子。"[13] 米尔曼是哈特内尔的密友，她可以称得上是头巾帽女王，并且引领了这一潮流在20世纪70年代的大回归。

福克斯是澳大利亚人。在35年的职业生涯中，他为女王制作了将近350顶各式各样的帽子。在悉尼接受完设计培训之后，他于20世纪50年代末移居伦敦，并在大名鼎鼎的奥托·卢卡斯（Otto Lucas）工作室谋得了一份工作。在那里，他遇到了萨默维尔，后者将在20世纪80年代因其设计的"飞碟帽"而闻名。但在1968年，是服装设计师埃米斯为他打开了白金汉宫的大门。"我真的受够了自己设计出来的时装被平庸的帽子毁掉。"[14] 为了说服福克斯跟自己合作，埃米斯如是说。

在女王的众多女帽设计师中，奥雷根的职业道路无疑是最不同寻常的。1925年，她出生于亚美尼亚，还在摇篮中的她失去了父亲，之后，她的母亲移居法国，独自带着女儿定居在巴黎。母女二人的生活非常简朴。因为家境贫寒，有绘画天赋的奥雷根放弃了艺术学校，转向了女帽设计。学徒期结束之后，年轻的女孩在吉尔伯特·奥塞尔（Gilbert Orcel）的工作室待了一段时间，之后便前往英国学习英语。"我从来没有想过有一天会留在英国，更没有想过未来会为女王设计帽子。"[15] 后来，她为女王制作了200多顶帽子。跟她合作的服装设计师主要是托马斯，他们两人建立了真挚的友谊。我们能从托马斯给她的信中略知一二："我欣赏并且钦佩你那无与伦比的艺术眼光。你给了我第二次生命！"[16]

职业秘诀

"帽子总是需要搭配服装，是服装的补充。它的完成需要女帽设计师、女王和服装设计师三者之间达成一致，这一过程充分体现了三者之间的关系和相处方式。"[17] 卡罗琳·德·吉托（Caroline de Guitaut）如此描述道。

女帽设计师需要根据时装设计师提供给王室的设计草图来进行构思。有的时候，他

女王的五位女帽设计师

玛丽·奥雷根
（Marie O'Regan）

菲利普·萨默维尔
（Philip Somerville）

弗雷德里克·福克斯
（Frederick Fox）

奥格·塔鲁普和
萨蒂·博克斯
（Aage Thaarup
and Sadie Box）

正在萨默维尔的工作室中制作的帽子，女王会于 1996 年在伦敦佩戴它。

们会收到关于帽子的非常明确的指示，有的时候则正好相反，他们可以完全不受拘束地进行发挥。他们构思、设计并绘制草图——当然，很多设计师更喜欢直接通过材料来呈现自己的构思——然后设计出第一批样品，之后，这些样品会被呈送给女王。福克斯完美地描述了这个过程："我会带着三四个样品去王宫——展示，并且解释所带的样品只考虑了样式。然后，我会建议用与礼服相同的面料或者颜色来制作其中的一顶或者另一顶，当然，我会明确表明我更推荐哪一顶。"[18]

女王在试衣时，负责着装的侍女总是会在场。这是一个很关键的职位，长期以来一直由无可替代的玛格丽特·麦克唐纳（Margaret MacDonald）担任。自伊丽莎白二世幼年起，她就陪伴在其左右，以"波波"的爱称为人所知。福克斯跟她相处融洽，但暗地里却并不怎么喜欢她，甚至还给她取了一个叫"恶龙"的绰号。在助手佩吉·霍斯（Peggy Hoath）的帮助下，麦克唐纳小姐关注每一处微小的细节。她于 1993 年在白金汉宫去世，享年 89 岁。霍斯随后升任这一职位，并且，白金汉宫还招募了一位新助理，即凯利。凯利小姐性格强势，也被受邀参与女王的试衣，并且会毫不犹豫地公开发表意见，尤其是当她认为样品不够好时。服装设计师和女帽设计师都已经习惯了王室几十年如一日的沉闷气氛，面对凯利小姐的直言不讳，他们感到不知所措。"我成了他们最可怕的噩梦。"凯利承认，她在霍斯退休后接替了他的工作。[19]

对于任何一位女帽设计师来说，第一次试衣——通常也是与伊丽莎白二世的第一次会面——是一个令人生畏的考验。在第一次向女王展示自己的作品时，米尔曼带着满满一箱帽子出现在白金汉宫正门前！卫兵还是放她进去了，并且善意地告诉她，下次最好从后门进……由于害怕犯错，福克斯滔滔不绝地介绍着，丝毫不敢有任何停顿。虽然已经提前被告知，但这两位仍找不到合适的时机跟女王告辞——按照王室规定，无论什么时候，都不能背对着女王。米尔曼差点被一只柯基犬绊倒；至于福克斯，是伊丽莎白二世亲自帮他摆脱了尴尬……看到福克斯怔住了，女王转向麦克唐纳小姐，跟她说："哦，波波，你能不能给我找一双搭配这顶帽子的鞋子？"[20] 就这样，狼狈的设计师才得以借机离开。

但这些时刻也提供了跟女王亲密接触的机会。"她是我最好的顾客。有很多女性会来我这儿订购帽子，其中不乏一些非常挑剔的，"[21] 奥雷根说，"我们甚至有可能成为朋友。在试衣的时候，她喜欢模仿我的法国口音。"[22] 女王与萨默维尔的关系则更加亲密。当他们不在一起时，女王和她的女帽设计师会互相通信："谢谢你在信中跟我讲述你在事业中所取得的成就。我很高兴你可以继续为我工作……我知道在现在的环境下，做生意有多艰难，尤其是需要为我一个人专门订购面料。我应该是唯一一个要一直戴帽子的人。"[23]

在 21 世纪初期，凯利的横空出世扰乱了"皇家服饰"这一品牌的正常运作。除了负责女王着装之外，凯利小姐还被任命为女王的私人顾问、珠宝及徽章保管者，她还是一位策展人，并且担任了女王陛下的总造型师！她从未系统地学习过时尚，也没有在时装行业工作过，但她却成为第一位王室"品牌"造型师。她负责设计女王的服装和帽子，而女帽设计师迈凯伦则是她的固定搭档，负责为帽子的制作提供技术支持。尽管如此，面对如此艰巨的任务，时装设计师斯图尔特·帕尔文（Stewart Parvin）[24] 也会帮凯利制作女式套装和外套。另外，自 2006 年以来，蕾切尔·特雷弗－摩根（Rachel Trevor-Morgan）也被邀请制作女王的帽子。

2016 年女王在雅士谷	1975 年女王在墨西哥	2018 年 2 月 20 日,在伦敦时装周期间,伊丽莎白二世首次参加时装秀。在她的左侧坐着安娜·温图尔(Anna Wintour)*和负责女王着装的侍女凯利。
1989 年女王在马恩岛	1992 年女王在伯克郡。萨默维尔设计的"飞碟帽"是 20 世纪 80 年代的标志,而 70 年代则盛行头巾帽。	

* 安娜·温图尔(Anna Wintour),从 1988 年起担任《时尚》(Vogue)杂志美国版主编,被誉为"时尚界的教母",绰号"核武器温图尔",是流行电影《穿普拉达的女王》中"米兰达"这一角色的原型。

不只是帽子

伊丽莎白二世的头饰已不仅仅是时装配饰,它还揭示了女王统治的另一面。帽子本身也为我们提供了一个重新审视女王的对外访问、旅行、禧年庆典以及各类会面的动机。其中有一些会成为头条新闻,还有一些甚至会引发激烈的争论,或者成为被嘲笑的对象。其他的则以一种微妙的方式向我们讲述了白金汉宫背后的故事。帽子不仅是各类故事的布景,还展示了白金汉宫所代表的那永远令人着迷的一切。帽子所需的唯有言语……挑选它们并不是一件容易的事,不仅因为它们数量众多,而且因为识别它们的设计师并不总是那么轻松。有一些帽子虽然出现在本书中,但本书作者并没有参透它们背后所有的秘密。但这无关紧要。虽然数百顶帽子仍在白金汉宫的衣橱中沉睡,但它们曾经的辉煌岁月留下了很多痕迹,并对我们述说着它们的传奇。这些小小的杰作因为共同的独创性而汇聚在同一本书中,邀请我们探访过去的岁月。

2004 年,在南安普敦的伊丽莎白二世。

在1959年对加拿大的一次正式访问中,站在"不列颠尼亚号"游艇甲板上的伊丽莎白二世正用手扶着自己的帽子。

目 录
SOMMAIRE

1　模范小公主
　　1933 年 伦敦

5　战场的呼唤
　　1945 年 2 月 温莎

9　时尚课
　　1947 年 4 月 开普敦

13　公主在巴黎
　　1948 年 5 月 15 日 巴黎

17　军旗敬礼分列式
　　1951 年 6 月 7 日 伦敦

21　唐纳德女士没有帽子戴了！
　　1954 年 2 月 17 日 堪培拉

25　纽约"马拉松"
　　1957 年 10 月 21 日 纽约

31　玛格丽特公主结婚了
　　1960 年 5 月 6 日 伦敦

35　风雨过后的灿烂阳光
　　1961 年 2 月 1 日 卡拉奇

41　花儿的魅力
　　1961 年 5 月 31 日 埃普索姆

45　意大利面帽
　　1965 年 5 月 27 日 柏林

49　迪基舅舅
　　1965 年 7 月 26 日 怀特岛

53　册封查尔斯
　　1969 年 7 月 1 日 卡那封

57　与民众更近一步
　　1970 年 5 月 1 日 悉尼

61　温莎公爵默默逝去
　　1972 年 5 月 18 日 巴黎

页码	标题	日期 地点
63	海克莱尔	1974年6月16日 尚蒂伊
69	菊花宝座	1975年5月10日 京都
75	两顶帽子只要一顶的价	1977年6月7日 伦敦
79	巴哈马的女主人们	1977年10月19日 拿骚
83	高风险任务	1979年7月27日 卢萨卡
87	阳光下的噩梦	1980年10月27日 马拉喀什
91	世纪婚礼	1981年7月29日 伦敦
95	谁想刺杀女王?	1981年10月14日 惠灵顿
99	世界尽头的女王	1982年10月27日 图瓦卢
103	迷人的陪伴者	1984年3月27日 安曼
107	为中国制造	1986年10月14日 八达岭
111	会说话的帽子	1991年5月14日 华盛顿
117	多事之秋	1992年11月24日 伦敦
121	杰作	1994年5月6日 英吉利海峡隧道
127	世界为戴安娜哭泣	1997年9月5日 伦敦
131	一个时代的终结	1997年12月11日 朴次茅斯
135	职业风险	1998年9月21日 吉隆坡
139	来自挪威的亲吻	2001年5月30日 奥斯陆
143	卫兵已完成交接	2006年6月12日 伦敦
147	游园会	2006年7月11日 伦敦

151	康沃尔公爵夫人		193	与梅根的第一次独处
	2006年9月2日 布雷马			2018年6月14日 切斯特
155	头戴低帽的卡拉		197	嘉德勋章
	2008年3月26日 温莎			2019年6月17日 温莎
159	重回酋长国		201	民族英雄
	2010年11月24日 阿布扎比			2020年7月17日 温莎
163	赌博开始了		205	我们想念您
	2011年4月29日 伦敦			2020年10月15日 索尔兹伯里
169	失而复得的和平		209	永别了，菲利普
	2011年5月17日 都柏林			2021年4月17日 温莎
173	亲爱的奥巴马夫妇		212	女帽设计师们
	2011年5月24日 伦敦			
177	一支无敌舰队		214	原注
	2012年6月3日 伦敦			
181	淡紫色革命		218	参考文献
	2014年4月3日 罗马			
185	玫瑰人生		220	图片版权
	2014年6月7日 巴黎			
189	一顶反脱欧的帽子？		222	致谢
	2017年6月17日 伦敦			

模范小公主
LA PETITE FILLE MODÈLE

1933 年 伦敦

公主们一天天长大。姐姐伊丽莎白已经 7 岁，妹妹玛格丽特·罗斯（Margaret Rose）也快 3 岁了。该给姑娘们找一位家庭教师啦。她们的母亲约克公爵夫人认为自己慧眼识珠，找到了一块来自她家乡苏格兰的璞玉——玛丽昂·克劳福德（Marion Crawford），一位刚满 23 岁的年轻候选人。她有一个月的试用期。复活节前几天，这个年轻人手里提着一个小行李箱，战战兢兢地来到皇家庄园，这是约克公爵一家在温莎的别邸。

王室上下都很惊讶，这么重要的职责竟然被托付给这样一个名不见经传，也没有太多经验的年轻人。诚然，小伊丽莎白继承王位的可能性并不大，她的伯父威尔士亲王身体康健，正值壮年，而且大家都认为他终有一天会同意结婚的。但是，小公主们仍然是排在第三和第四顺位的王位继承人……乔治五世国王和玛丽王后担心这个选择太草率了。因此，当新的家庭教师刚刚安顿好的时候，国王夫妇就一反常态，不请自来地到约克公爵家喝茶。"没人对我说什么，但我有预感他们是来考察我的，"当时提心吊胆的克劳福德小姐日后回忆道，"我可以感觉到国王夫妇也属于不同意雇用我的那一方，他们认为我太年轻了。"[1] 虽然如履薄冰，但她仍希望能留下一

"公主们穿得过于简朴了。"
—— 玛丽昂·克劳福德

个好印象。国王夫妇到来的时候,她行了一个深深的屈膝礼。玛丽王后回以微笑,而乔治五世只是低声抱怨:"看在上帝的分上,如果你能教会玛格丽特和莉莉贝特好好写字,我就心满意足了。我的孩子们没有一个能写好字的。"[2] 克劳福德小姐就这样被接受了,她得到了一个叫"克劳菲"的昵称,并将在接下来的17年里一直陪在她的两个学生左右。

在伦敦,约克公爵夫妇和孩子们住在位于海德公园和白金汉宫之间的皮卡迪利大街145号的私人宅邸中。这里的生活很简单,社交活动也少之又少。约克公爵夫妇只想享受天伦之乐,在阅读或炉火旁的交谈中度过夜晚的时光。公爵夫人是一位慈爱的母亲,也是一位体贴入微又精打细算的女主人,她行为庄重,毫不轻佻。克劳福德回忆道:"她从来没有打扮得很时髦过。"伊丽莎白和玛格丽特的衣橱看起来更像是寄宿学校的,而不像是属于城堡的。"公主们穿得过于简朴了。她们平时都穿着棉质的连衣裙,上面会有花卉图案。大部分的裙子都是蓝色的,因为这是她们的母亲最喜欢的颜色。天气凉爽的时候她们会再搭配一件小开衫外套。"[3] 公主们平常必须要戴贝雷帽,但在需要更考究的头饰时,尤其是在和父母以及祖父母一起公开露面的场合,她们会得到一顶装饰着鲜花的草帽,这是在斯隆街的史密斯商店(Smith & Co.)专门购买的。媒体发现这是她们的母亲所戴的帽子的儿童版,纷纷赞叹不已。

战场的呼唤
L'APPEL AUX ARMES

1945 年 2 月 温莎

1945 年 2 月,即将年满 19 周岁的伊丽莎白公主加入了"本土防卫辅助服务队"（Auxiliary Territorial Service,简称 ATS）。ATS 最初是一个女性志愿服务机构,成立于 1938 年,后于 1941 年整体并入英国皇家军队。虽然服务队的女性们没有机会在前线作战,但她们仍然是战争机器中不可或缺的齿轮,做着厨师、接线员、秘书和勤务兵的工作……随着战争的继续,她们开始代替男性,在更具战略重要性的岗位上工作,包括组织防空连。到 1945 年,服务队的总人数已经接近 20 万。加入服务队并非没有风险,其中有 700 多人在战争中牺牲。

1945 年初,王位继承人的加入对服务队来说极具象征意义,也是鼓舞士气的最佳方式。1945 年 3 月 8 日,服务队的负责人莱斯利·惠特利（Leslie Whateley）写给王后侍女迪莉娅·皮尔夫人（Lady Delia Peel）的信证明了这一点:"这件事对士气的巨大鼓舞难以言表,已经成为大家现在唯一的话题。之前的一段时间里,我发现服务队的很多队员都十分疲惫,而且考虑到即将到来的更加艰巨的任务,我一直在为如何才能提振大家的士气而绞尽脑汁。"

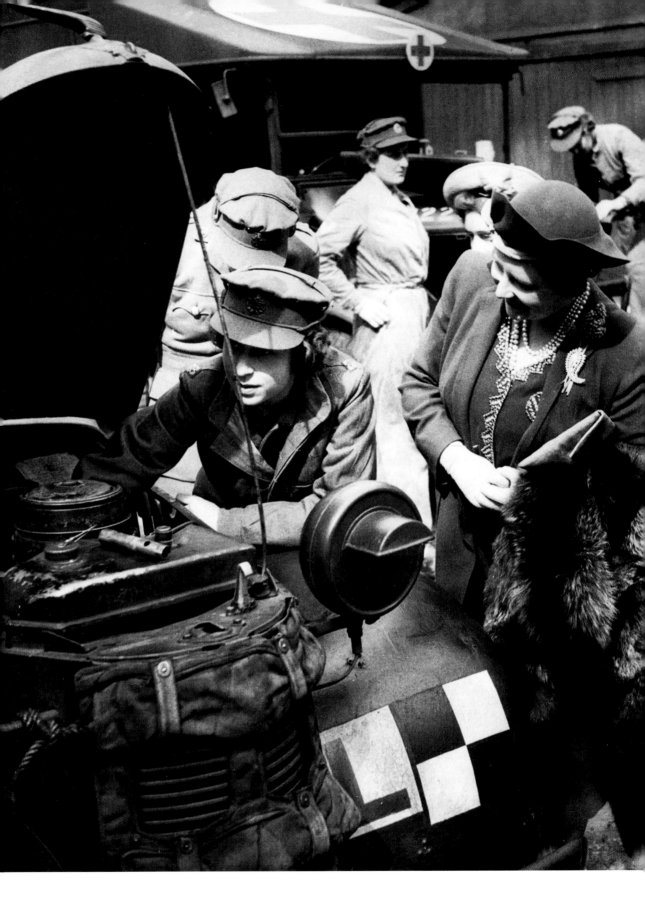

事实上,国王夫妇是在公主的恳求之下才同意她加入服务队的,考虑到这一点,这样的结果实在来之不易并令人欣喜。伊丽莎白是英国王室中第一位全职参军的女性。她刚入伍时是一名下级军官,很快升任为名誉下级司令员。在军队中,她拿到了驾照,学会了阅读交通图、更换车轮,甚至拆卸发动机。这个年轻的女孩唯一的特权是每天晚上都可以回到温莎城堡过夜。其余的时间她都待在军营里,穿戴着和其他人一样的制服——卡其色的呢绒外套,一件相同颜色且样式简单的裙子或者干机械活时常穿的裤子,还有一件衬衫、一条领带和一顶带有服务队徽章的大盖帽。与皇家海军或皇家空军的女性着装相比,服务队的制服并不是那么吸引人,起码不是年轻女孩们的梦中制服。帽子更是受到大家的普遍嫌弃。1941年,为了凸显魅力,军方决定生产一顶更加女性化的船形帽。想买它的人需要自掏腰包——价格是军官2英镑,其他人10先令。船形帽大受欢迎,但伊丽莎白仍钟情于老旧舒适的大盖帽。

1949年,服务队解散,取而代之的是皇家陆军女子军团(Women's Royal Army Corps)。伊丽莎白继续在这一军团中服役,先被任命为名誉高级大校,随后成为军团名誉准将。在接下来的几年内,她一直在军团中服役,直到1952年才离开军队,登上王位。

时尚课
LEÇON DE STYLE

1947 年 4 月 开普敦

虽说王室在战争中收获了巨大的威望，处于战胜国行列的英国却复苏乏力。经济愁云惨淡，帝国千疮百孔，国王精疲力竭。尽管民穷财匮，但也许是为了分散公众的注意力，政府还是敦促乔治六世在 1947 年访问南非。1 月 31 日，国王、王后以及两位公主在朴次茅斯搭乘"前卫号"战列舰* 起航。这次为期 16 天的航程将是一段迷人的插曲，特别是对年轻的伊丽莎白和玛格丽特来说，因为这是她们第一次出国旅行，而且船员们都是友好的玩伴。

抵达开普敦意味着这一段悠闲旅程的结束。南非之旅非常微妙，大大有别于在公园里散步，因为这是一个因种族关系局势日益紧张的国家。由于必须严格保持中立，乔治六世和他的家人们试图保持良好的形象。但私底下，国王对无法给在战争中做

---

* "前卫号"战列舰是英国建造完成的最后一艘战列舰，也是英国皇家海军中最大的、最快的战列舰。

出突出贡献的有色人种授勋而感到不满。南非政府勉强允许他参加祖鲁人的大型集会。这是60年来的首次集会，在埃绍韦聚集了近8万人。

虽然多次有人呼吁抵制，但南非人民仍对王室成员的来访表示热烈欢迎。乔治六世的王后创造了奇迹。在德班，各个种族的人们相聚一堂，呼喊道："我们需要王后！"[4] 王后也没有在梳妆打扮上吝啬：王室一家人乘坐的火车上有一整节车厢被专门用作衣橱，用来存放她和女儿们的服饰。塔鲁普是王后的御用帽子设计师，并将首次负责公主们的帽饰设计。这一次他可以尽情释放自己对鸵鸟羽毛的热情，这是南非的特产，也是伦敦人的最爱。对于伊丽莎白王储和她的妹妹，塔鲁普则优先考虑用缎带和薄纱装饰的轻草帽。"大家都受够了战争的阴霾和生活的艰难，我想设计出看上去轻松可爱的帽子。"[5] 设计师坦言。他害怕当地的潮湿气候，认为即使是最小的别针也可能生锈，而且他相信当地的昆虫时时刻刻都在准备吞噬他的杰作。

南非之行不仅仅是一堂时尚课，也是未来的伊丽莎白二世最初的外交体验。1947年4月21日是这个年轻姑娘的21岁生日，这一天，她通过英国广播公司（BBC）的广播发表了一段讲话。她在开普敦郑重承诺，会将自己的一生都奉献给"英联邦大家庭"。而在心底，伊丽莎白已经准备好组建自己的小家庭了。从南非返回后的1947年7月10日，白金汉宫就宣布了伊丽莎白王储跟菲利普·蒙巴顿中尉（Lieutenant Philip Mountbatten）订婚的喜讯。婚礼将于同年的11月20日在伦敦举行。

公主在巴黎
UNE PRINCESSE A PARIS

1948 年 5 月 15 日　巴黎

来自里昂的丝绸、一辆跑车、一箱卡芒贝尔奶酪、一座用黄金和钻石打造的小埃菲尔铁塔……伊丽莎白和菲利普人还未到,巴黎的英国大使馆收到的奢华礼物就已堆积如山。1948 年春天,伊丽莎白和菲利普将对法国首都进行为期 5 天的正式访问,这是这位英国王位继承人首次来到大英帝国以外的国家。5 月 15 日星期六的早晨,巴黎人已经迫不及待了。《法国晚报》(France-Soir)记者报道:"在公主的专列抵达前一个小时,巴黎北站主庭院周围的白色屏障后已经被年轻男女挤得水泄不通了。"如果说爱丁堡公爵*俊俏的身姿已经让巴黎的少女们大饱眼福,年轻的英国公主更让人想要一睹为快。"她微笑着出现在车门处,戴着一顶装饰着玫瑰的灰色帽子。成千上万的巴黎人高声欢呼,向她送上最热烈的问候。"[6] 但这对新婚夫妇并未多做停留,而是直接赶往爱丽舍宫,奥里奥尔夫妇*正在那儿等待着他们的到来。

---

*　即伊丽莎白二世的丈夫菲利普亲王。

*　即樊尚·奥里奥尔(Vincent Auriol)夫妇。奥里奥尔是法国政治家,曾任法兰西共和国临时政府主席(1946)、法兰西第四共和国总统(1947—1954)。

未来的英国女王在这 5 天内会如何穿着打扮呢？战后的法国百业凋敝，这个问题却让大家都产生了兴趣。法国人试图安慰自己：一个英国女人，无论她多么迷人，难道能同巴黎人的时尚相媲美，甚至有所超越吗？迪奥刚刚重新定义了女性轮廓，伊丽莎白会紧跟潮流，变得焕然一新吗？然而，公众很快就会失望，因为温莎家族并不是时尚的弄潮儿，他们几乎不会赶时髦。10 年前的 1938 年，当乔治六世和他的妻子访问巴黎的时候，时装设计师哈特内尔曾经为王后设计了带有衬裙的白色连衣裙，这跟当时的潮流完全背道而驰。王后当时在为其母亲守孝——斯特拉斯莫尔伯爵夫人于 3 周前去世了，而白色比黑色更受欢迎。这次，同样是哈特内尔担当王后女儿的服装设计师。为了伊丽莎白的旅行，他设计了一些优雅但毫无开创性的衣服："像往常一样，公主只能对着'新面貌'* 小心试探：衣服下摆再长一些，裙子再蓬松一些，鞋跟再高一些。"[7]

幸运的是，公主的帽子足以成为巴黎人茶余饭后的八卦。媒体们想尽一切办法破解帽子的秘密。甚至连支持共产党的《今夜日报》（*Ce Soir*）都参与了这个游戏："她将在 7 顶崭新的帽子中做出选择，这些帽子都是丹麦设计师塔鲁普的作品——两顶毡帽（一顶为白色，另一顶为海蓝色，拿破仑风格），以及 5 顶秀丽别致的草帽，分别装饰着绢网、蝉翼纱、白欧石楠树枝和苔藓。所有这些帽子在佩戴时都会朝一边倾斜，其中还有两顶需要搭配专门定制的手套。"[8]

无论如何，她的帽子无可挑剔。伊丽莎白戴着这些帽子，从隆尚赛马场的看台上、在塞纳河上那艘以她名字命名的渡轮上向人群挥手致意。在巴黎时尚博物馆，她取得了巨大的成功。在那里，她为 "在巴黎：8 个世纪的不列颠式生活"（"Huit siècles de vie britannique à Paris"）展览揭幕，并在市议会主席皮埃尔·戴高乐（Pierre de Gaulle）欣赏的目光下用完美的法语发表了演讲。"我想来法国已经很久了。我父母经常向我讲述他们在这个美丽的国家的美好回忆，让我对巴黎更加向往。能来到这里与大家相遇，我的喜悦之情无以言表。"

---

* 新面貌（New Look），即迪奥在 1947 年推出的全新时装风格，强调女性隆胸丰臀、腰肢纤细、肩形柔美的曲线，打破了战后女装保守古板的线条风格。

军旗敬礼分列式*
TROOPING THE COLOUR

1951 年 6 月 7 日 伦敦

国王陛下需要休息。当他的表兄挪威国王哈康七世（Haakon VII）访问英国时，乔治六世取消了他接下来 4 个星期的所有安排，包括庆祝其诞辰日的军旗敬礼分列式。这一决定是在 1951 年 6 月 4 日晚上宣布的，即仪式的前 3 天。这条消息毫不意外地成了第二天的头条新闻。报纸写道："虽然国王陛下的身体状况有所好转，但肺部的炎症并未完全消退。"实际情况要比白金汉宫公开承认的严重得多。乔治六世烟瘾极大，而且经受了多年战争的摧残，已经患上了一种不知名的致命癌症。3 个月后，即 1951 年 9 月，医生们组成的委员会决定摘除他的一个肺。政府发布的国王健康状况简报字斟句酌，以便向公众隐瞒病情的严重性。

但现在需要有人承担国王的职责。伊丽莎白王储被要求代表父亲参加军旗敬礼分列式。在大众眼中这也许是临阵换帅，但其实早有准备。几个月以来，白金汉宫一直

---

* 军旗敬礼分列式（Trooping the Colour），英国和英联邦军队举行的一场校阅仪式，自 18 世纪以来一直是英国君主诞辰日的传统阅兵表演。

在未雨绸缪。证据就是，宫廷御用设计师塔鲁普早就在进行周密而谨慎的准备工作："1950年春天的一个早晨，我被传唤到白金汉宫。女王，即当时的伊丽莎白公主将代替乔治国王参加军旗敬礼分列式。公主将穿着卫兵上校军服和略微开衩的长裙侧鞍骑乘*。"[9] 什么样的帽子能让王位继承人在这种场合显得庄重严肃呢？国王和王子们应当佩戴黑色熊皮军帽，这是从拿破仑的掷弹兵那里继承来的。但是一个25岁的年轻女子应当如何佩戴呢？战争部毫不松口：要不就戴熊皮军帽，要不就什么都不戴！谈判开始了。可以将军帽设计得稍低一点以减轻重量吗？虽然伊丽莎白公主决定忍耐并接受，但王室却不想让她受委屈。厚重的熊皮帽不易散热，会让公主心烦意乱，而任何不适都可能酿成大错！塔鲁普负责寻找折中方案。"帽子要显得高贵，还要优雅，而且必须与军事相关。"[10] 设计师开始在法国寻找灵感。在巴黎，他找到了心目中理想的解决方案——三角帽。法国士兵们自17世纪末开始佩戴这种帽子，它在路易十五时期成为时尚配饰，贵族妇女们会在狩猎的时候向男人们借用。画家让-马克·纳蒂埃（Jean-Marc Nattier）在凡尔赛宫给路易十五的长女玛丽·路易丝·伊丽莎白·德·波旁（Marie Louise Élisabeth de Bourbon）画像时，甚至还将这顶三角帽画在了她的头顶上。因此，这顶帽子同时满足了军人气质、女性化和皇家尊严三项要求。

回到伦敦，塔鲁普开始向大家解释他的方案，并得到了所有人的认可，特别是帽子的未来佩戴者。但是，帽子上没有任何装饰，看上去显得过于朴素。菲利普亲王的舅舅蒙巴顿伯爵随后赠送了他的一位祖先在战场上佩戴过的羽毛，当然，人们并不知道是哪一位祖先，也不知道是哪一场战斗……塔鲁普本人则更倾向于用稍微朴素一点的羽毛来装饰。但事实胜于雄辩：1951年6月7日，当伊丽莎白公主代替她的父亲检阅军队时，她看起来高贵极了。一直到1986年，她都戴着这顶三角帽参加军礼，并根据具体检阅的军团来更换帽子上的羽毛。在1986年之后，她更换成便装，佩戴着女帽，参加每年的军旗敬礼分列式庆祝活动。

---

*　侧鞍骑乘（amazone），是一种特殊的骑乘方式，通常为女性骑手所采用。骑手会把双腿侧放在鞍具的一侧，而不是分别放置于鞍具的两侧。

唐纳德女士没有帽子戴了！
PLUS DE CHAPEAUX POUR MISS DONALD

1954 年 2 月 17 日　堪培拉

1953 年 11 月，在威斯敏斯特举行的加冕仪式仅仅过了 5 个月，伊丽莎白二世就开始了她第一次以女王身份进行的对外访问。她将在 6 个月的旅途中，与菲利普亲王一起（但是并没有带他们年幼的孩子查尔斯王子和安妮公主），访问百慕大群岛、牙买加、斐济群岛、新西兰、澳大利亚、锡兰*、乌干达共和国、马耳他共和国和直布罗陀。伊丽莎白二世刚刚登基，便开始了这场野心勃勃的外访。夫妻二人的行李重达 12 吨！女王甚至还带着由哈特内尔为她设计的加冕礼袍，这是为澳大利亚议会开幕式准备的。时装设计师还被要求更新女王的衣橱。女帽设计师塔鲁普也重新投入了工作。

不出所料，第一次皇家之旅的高潮出现在澳大利亚。1954 年 2 月 3 日，在炎炎烈日下（当时正值南半球的夏天），悉尼有史以来第一次迎来了它的君主（女王）。

---

*　即斯里兰卡，1972 年改为现名。

当时这座城市一共有180万居民，有100万名好奇的民众涌上街头，只为一睹女王的风采。在接下来8周的时间里，菲利普和伊丽莎白将周游全国，他们到访的城市多达57个。对于哈特内尔和塔鲁普来说，这是一则巨大的广告。而且，女性媒体并不仅仅在等待女王穿戴上专门为访问澳大利亚而设计的礼服和帽子：两个月前，《妇女生活》（Woman's Day）杂志的女读者们就已经对女王在百慕大群岛第一次穿戴的服饰赞不绝口了！当时流行的是有着明亮色调的小帽子——绿松色和鹦鹉绿有很多拥趸，冠羽也很受欢迎。

塔鲁普本质上是一位环球旅行家，当时他正在澳大利亚。这并不是这位丹麦设计师的第一次商务旅行。他早就意识到澳大利亚将是一个巨大的市场，因此早在女王和公爵登陆前几天，他就已经在悉尼开设了一个缝纫车间和第一家商店。他刚刚安顿好，新西兰总督就召见了他，当时女王夫妇还在新西兰。令他没想到的是，女王的帽子快戴完了！他能否迅速又低调地帮助女王渡过难关？塔鲁普拿起他的铅笔，让车间开始赶工。考虑到可能泄密，尤其是他的员工可能走漏消息，这位精明的设计师以唐纳德女士的名义下了订单。工作人员都惊呆了：这位神秘莫测的唐纳德女士会是谁呢？谜团一直没有被解开。当女王抵达悉尼，戴着匆忙设计和制作的帽子出现时，售货员和工人们都很生气。因为，虽然他们认出了这是唐纳德女士的帽子，但是他们却没有识破这个骗局！相反，他们愤怒了：对他们来说，可以肯定的是，塔鲁普剽窃了女王帽子的创意，并将其卖给一个普通的顾客……简直令人瞠目结舌！

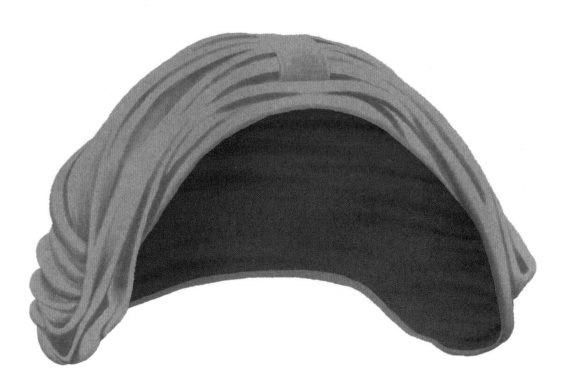

纽约"马拉松"
LE MARATHON DE NEW YORK

1957年10月21日 纽约

要戴着什么样的帽子征服美国？如果说几个月前，伊丽莎白二世戴着由凯特·戴和圣西尔设计的贝雷帽在法国引起轰动，那么头巾帽就将在她这一次的加拿大和美国之行中大放异彩。在伦敦，女王戴着天鹅绒头巾帽开始了她的旅程；而在旅行的最后一站纽约，她又戴着浅褐色缎面的头巾帽结束了全部行程。

1957年10月21日上午10点，载着伊丽莎白二世和菲利普亲王的火车抵达斯塔滕岛，而他们前一天晚上才离开华盛顿。一场长达14小时的"马拉松"开始了，日程上至少有10场活动。女王夫妇首先在百老汇大道体验了传统的"纸带游行"：纽约人用大量五彩纸屑迎接他们，就像在欢迎英雄一样。午餐时，纽约市长罗伯特·瓦格纳（Robert Wagner）在市政厅设宴款待他们。随后他们又离席前往位于东河之滨的联合国总部，女王在这里发表了她在联合国大会的第一次演讲——她的第二次演讲要等到2010年。连苏联和埃及的代表都咬牙切齿地参加了。当时，

苏伊士运河危机*的硝烟仍未散去……10分钟的演讲结束之后，会场响起了热烈的掌声。诚然，英国已经走上了去殖民化的道路。《生活》（Life）杂志在这一活动开始前就吹捧说英国实施了"宏大的自由归还计划"。"自1939年乔治六世来访之后已经发生了翻天覆地的变化！第二次世界大战以来，英国已经让5.07亿人获得了独立。"这些国家包括印度、巴基斯坦、缅甸、锡兰、苏丹、加纳、马来西亚……"伊丽莎白可以被后世称为名副其实的独立女王。"[11]

日程中剩下的活动较为轻松，主要与旅游业相关，包括给当时世界上最高的建筑——帝国大厦剪彩。当局甚至专门招募了一名前伦敦警察**来扮演这个豪华酒店的侍者。与此同时，有两位美国特工正在地下室密切监视着电梯的运行！事实上，这一天总共动员了5000名士兵和警察。王室一家快被礼物淹没了。伊丽莎白二世收到了一个镀金的迷你帝国大厦，天线上还镶了红宝石。菲利普亲王得到了一个香烟盒。孩子们当然也没有被遗忘：查尔斯王子收到了一个钥匙圈，安妮公主则收到了一只手镯……晚上，女王和菲利普亲王受邀参加了在纽约的英国人社区举办的晚宴，接着又参加了一场在公园大道上举办的英联邦舞会。其实，女王夫妇只是路过而已：他们的飞机于午夜00：45起飞。临别时，女王说道："此行唯一的遗憾就是别离来得太快了。"[12]

---

* 1956年7月，埃及总统纳赛尔宣布将英国和法国实际控制的苏伊士运河公司收归国有。英、法为了重新占领苏伊士运河，和以色列于同年10月底对埃及进行了军事行动。最终英、法、以在各方，特别是在美国和苏联的压力下退兵。

** 原文为bobby，即英国俚语中的警察。这个词实际上是创建伦敦第一支警察部队的罗伯特·皮尔爵士（Sir Robert Peel）的昵称。

玛格丽特公主结婚了

MARGARET SE MARIE

1960 年 5 月 6 日 伦敦

"请您治理好您的帝国,而我的生活就让我自己操心吧。"据说当女王责备玛格丽特公主的轻佻时,公主曾这样反驳女王。这句话是真的吗?无论如何,这句话都足够吸引人,而且符合公众想象中的伊丽莎白二世妹妹的形象。传言还会继续流传下去。叛逆者玛格丽特,那个为她和空军上校彼得·汤森(Peter Townsend,离异,而且比公主大 15 岁)之间无果的爱情而心碎的玛格丽特,还是重新找回了自己。在 1960 年 5 月 6 日这一天,她的姐姐可以放心了:玛格丽特找到了她的理想归宿——安东尼·阿姆斯特朗-琼斯(Antony Armstrong-Jones),他是一位时尚摄影师,也叫托尼,潇洒大方又才华横溢。虽然玛格丽特将是英国王室 400 年来第一个嫁给平民的成员,但这不重要!她还是亨利八世以来第一个离婚的王室成员……

这个 5 月,伦敦喜气洋洋。这场在威斯敏斯特举办的仪式是第一场在电视上播出的王室婚礼。人群再次涌上街头。哈特内尔不仅设计了新人的婚纱,还设计了王太后、

"当我今天回看女王的照片时,我会毫不谦虚地对自己说,我给她设计的帽子可真漂亮。"
—— 克劳德·圣西尔

肯特公爵夫人，以及伊丽莎白二世的华服。他给女王设计的衣服包括一件绿松色的连衣裙和一件与之搭配的短上衣。在婚礼前看到服装草图的记者们都对图上的帽子赞叹不已，帽子上"装饰着两朵大大的蓝玫瑰，周围是孔雀蓝的叶子和同样是绿松色的短面纱"。《每日镜报》（Daily Mirror）风趣地说道："女王戴着她的小帽子，而新娘则破天荒地戴上了王冠……"所谓王冠，实际上是玛格丽特在婚礼前几个月自己买的一顶冠冕。又一次的特立独行。

为了看上去比她姐姐高（玛格丽特身高只有1.55米，而伊丽莎白女王有1.63米），玛格丽特特意扎了一个凸起的发髻。这是女设计师圣西尔的作品，她也是一位知名的美发师。为了这次婚礼而忙活的设计师日后回忆起幕后的故事，说道："我去玛格丽特家找她，托尼也在那里。我在《时尚》杂志的摄影棚中与他有过交集，对他有一点了解。他的想法非常具体，希望他的妻子能穿得像在领受圣体[*]。他自己的头顶则会有一些花哨俗气的装饰。此外，玛格丽特选择的铰接式冠冕可帮了我大忙，因为它既便于佩戴又容易固定。"[13]

玛格丽特和伊丽莎白是一对迥然不同的亲姐妹，甚至在帽子的品味和穿戴的方式上也大相径庭。"女王和她妹妹两人截然不同，"圣西尔回忆道，"她们都很迷人，但是一个懂得表现自己，会摆姿势，另一个则不会。玛格丽特天生娇媚，对自己的好身材心知肚明，知道如何把脚向前伸一点，把脖子伸长一点，总之就是会在拍照时展示自己的优点。而女王呢，一点都不会。在镜头面前，她一点都不兴奋，不会摆姿势。她满足于以女王的形象示人。"[14]

---

[*] 基督教的一种仪式，教徒会领受象征着耶稣真正身体的未发酵的饼和葡萄酒，参加仪式的人被称为"领圣体者"。

风雨过后的灿烂阳光

LE CHARME APRES LA TEMPÊTE

1961年2月1日 卡拉奇

现在是上午11点37分。1961年2月1日，伊丽莎白二世首次踏上了巴基斯坦的土地，这是她为期6周的印度次大陆之旅的一部分。身着军人制服的穆罕默德·阿尤布·汗（Muhammed Ayub Khan）在停机坪上等待着的不再是他的君主，而是他的"客人"。两者之间细微的差别并不仅仅只是一个小小的趣闻——独立仅5年的巴基斯坦热衷于表明它已经翻过了大英帝国这一历史篇章。但这并不妨碍卡拉奇人对女王的热烈欢迎。而伊丽莎白二世本人也不遗余力地向他们表示她的尊重，不管是在措辞上，还是在着装上。抵达巴基斯坦的第一天，她穿着由哈特内尔设计的新裙子，它由珍贵的山东丝绸制成，金光闪闪。圣西尔则给她设计了一顶由花瓣和羽毛构成的帽子，和裙子一样闪耀着金色光芒。女王身边环绕着浑身珠宝、身着纱丽克米兹（shalwar kameez）的妇女，这是当地的民族服装，而她也表示欣赏。更让巴基斯坦妇女感到高兴的是，因为女王的到来，政府决定放宽两年前生效的一项禁令。这一法令禁止举行规模超过35个人的接待活动，要知道，在巴基斯坦，一场婚礼就可能有将近2000名客人参加！

随着伊丽莎白二世和菲利普亲王的到访,花园派对也短暂地恢复了。然而天有不测风云,在英联邦高级专员府邸举办的一场鸡尾酒会上,一场暴风雨突然来临了——卡拉奇一年只有 6 天会下雨。有一个帐篷的柱子塌了,里面有 200 多位正等待着女王夫妇到来的客人被压在下面。工作人员迅速冲向帐篷,更确切地说是帐篷的废墟,然后用刀割开帆布,把不幸的客人们解救了出来。他们都被淋成了落汤鸡,人也吓坏了。其余的客人比较幸运,他们在高级专员的官邸避雨,并目睹了这一幕。幸运的是,没有人因为这个小插曲而受伤。当女王和菲利普亲王露面时,人们开始安定心神。"我总感觉我会把雨召唤过来,但没有一次像今天这样糟糕。"[15]伊丽莎白二世真诚地道歉。

虽然高级专员的官邸面积很大,但也难以容纳在场的 2000 人。更何况其时风雨交加,雨水四处飞溅。女王夫妇试着在人群中开辟出一条道路,旁边的仆人则每隔几步就喊道:"借过!"那些不在女王必经之路上的女人们挤在狭小的接待室中,从她们的化妆盒中取出镜子,想借由反射观察女王的样子。良久,太阳终于重新出现,人们都容光焕发地回到湿漉漉的草地上。就像在白金汉宫的阳台上一样,伊丽莎白二世和菲利普亲王出现在其中一个露台上,向客人们致意。这时,暴风雨已经是遥远的记忆了。

花儿的魅力
FLOWER POWER

1961 年 5 月 31 日 埃普索姆

"女王选择了花瓣帽!"[16] 英国媒体如是写道,读者也紧随其后——20 世纪 60 年代初期,在女王的首倡下,鲜花将在接下来的十几年里成为所有女士们的头饰。仿真花店从这一潮流中获利良多,而他们的直接竞争对手羽饰商们却几近绝望。女帽设计师把这当作一次更新换代的机会,美发师们则开始紧跟鲜花帽的最新潮流。

对呀,年轻一代可不会在选择一顶新帽子还是一个新发型上犹豫太久……但在白金汉宫,时尚负责人仍然是塔鲁普。《考文垂电讯晚报》(*Coventry Evening Telegraph*)的记者吉尔·凯里(Jill Carey)热情地称赞了这位大师于 1960 年 1 月在伦敦展出的最新作品:"奥格·塔鲁普也选择了鲜花的设计。他有一顶划船帽是以蒲公英为灵感设计的,当然,他在战前的第一次时装秀中就向英国人推介过这种花了。他还选用了玫瑰,用黄色的花瓣设计了一顶鸡尾酒帽。但大受追捧的还属他设计的丝帽,看上去大方可爱,又不失成熟优雅,很适合三十多岁的女性。这顶丝帽的质地是轻柔的欧根纱*,略带浅粉色。"[17]

---

* 欧根纱,透明或半透明的轻纱,多覆盖于缎布或丝绸上。

第二年，花瓣帽便开始流行起来。伊丽莎白二世自 2 月份的印度之行后，似乎就开始收集这类帽子了。1961 年 5 月 31 日，她正是佩戴着花瓣帽参加了这场联合王国最著名的比赛之一——埃普索姆德比赛马会（Epsom Derby）。这次比赛也见证了另一个历史性时刻：182 年来，赛马会的冠亚季军首次全部属于女性！一个月后的雅士谷赛马周上，女王陛下的花瓣帽再次大放异彩。"女王本人似乎钟爱装饰着鲜花或花瓣的帽子。我想大家都在电视上或报纸上看到了她在雅士谷赛马周开幕式上戴着的那顶漂亮帽子。浅蓝绿色的帽子和女王的外套、柞蚕丝连衣裙相得益彰，让在场的女士们羡慕不已。还有一次，女王也佩戴了一顶带有花瓣的帽子，不过那次是黄色的。"[18] 当时的一位时尚记者报道。

很快，米尔曼就成为花瓣帽或者这类带有小花的帽子的设计大师。"西蒙娜·米尔曼为玛格丽特公主设计的帽子是最漂亮的。"60 年代的另一位专栏作家评论道。"这些帽子上有很多都覆盖着小朵的鲜花，通常是某种杂交的雏菊。还有一种款式，看上去像一束盛开的夏花，几乎看不到作为花托的帽子。"[19] 这类帽子通常呈钟形，往往会被掩盖在簇拥着的花冠、绣球花团或者铃兰的钟状花朵之下。

意大利面帽
LE CHAPEAU SPAGHETTI

1965 年 5 月 27 日　柏林

"西德人现在还在谈论女王的帽子。"1965 年 7 月 2 日,伦敦最古老的小报之一《玛丽勒本信使报》(*Marylebone Mercury*)还对此深信不疑:伊丽莎白二世用她的女士小帽给德意志联邦共和国(简称"西德")上了一堂关于时尚和乐观主义的课。"女王陛下高雅的品味给这个国家的女帽设计师以前所未有的鼓励",标题这样写道。人们尤其难以忘记米尔曼那令人难以置信的设计,即 1965 年 5 月 27 日女王在柏林佩戴的"意大利面帽"。设计师的女儿苏菲·米尔曼(Sophie Mirman)至今仍记得:"这顶帽子是用从欧根纱上剪下的小丝带制成的,制作需要花费很长时间,而且对灵巧性的要求极高。"[20]

但伊丽莎白二世来德国并不是为了扮演时尚偶像,这是 52 年来英国君主首次造访柏林。上一次还需要追溯到 1913 年。就在第一次世界大战爆发前几个月,乔治五世应他的表兄威廉二世(Wilhelm II)的邀请,访问了德意志第二帝国的首都。紧接着在 1917 年,伊丽莎白的祖父就决定用更改王朝名称的方式来淡忘其家族的日耳曼血统——萨克森-科堡-哥达王朝被温莎王朝取代,后者是英国君主所居住

的城堡名。他还禁止王室成员继续拥有萨克森公爵和公爵夫人的头衔。英国王室与德国的桥梁就此中断。然而，爱德华八世与第三帝国的眉来眼去却长期将王室的过去笼罩在阴影中。1937年，温莎公爵*及其妻子会见了阿道夫·希特勒（Adolf Hitler）和许多纳粹政府的政要。到了1947年，伊丽莎白大婚时，菲利普嫁给德国王室成员的姐妹中没有一个被邀请参加婚礼。

1965年5月27日这一天，在西德待了9天后，女王平安无事地飞越了东德的上空。她在西柏林受到了10万人的夹道欢迎。表面上，东德决定忽略女王的这次访问。按照官方的说法，女王的到访并不是一件大事。但是在柏林墙的另一边，民众们比当局宣称的要好奇得多。在勃兰登堡门，东德警方不得不驱散数百名围观群众，因为他们想尽各种办法，只为一睹女王的风采。东柏林人还偷偷地打开电视来收看西德的"宣传"，并因此看到了女王戴着的"意大利面帽"。他们甚至比英国观众的待遇还要好！英国广播公司第一台（BBC 1）从柏林现场直播的特别节目"女王在德国"出现了一系列的技术问题。意识到要在没有影像的情况下进行长达半个多小时的新闻评论，明星记者理查德·丁布尔比（Richard Dimbleby）不禁脱口而出："耶稣救命！"然后在影像恢复前开始了一段长时间的独白。他后来承认，这是他30年职业生涯中干得最蠢的一件事……

---

* 爱德华八世即位不满一年，因为执意要娶两度离异的辛普森为王后，受到朝野上下的反对而退位，之后被封为温莎公爵。

迪基舅舅
ONCLE DICKIE

1965 年 7 月 26 日 怀特岛

在 65 岁的年纪,末任印度副王和总督,第一代缅甸的蒙巴顿伯爵从英国皇家海军退役了。自 1956 年以来一直担任皇家海军元帅和海陆空三军国防参谋长的路易斯·蒙巴顿(Louis Mountbatten)是一个活着的传奇,他的家人亲切地称呼他为"迪基舅舅"。这个男人完全不是会隐退的那种人。1965 年 7 月 26 日,在他刚收拾好行装和获得军事荣誉勋章仅两周后,女王即任命他为怀特岛总督。借此机会,伊丽莎白二世也对这座面积为 380 平方千米、深受度假者欢迎的小岛进行了首次访问。女王和菲利普亲王在怀特岛的郡治纽波特受到了当地民众的热烈欢迎。女王夫妇造访了奥斯本庄园,这是维多利亚女王心爱的别墅,她经常来此休养,并于 1901 年在这座庄园中驾崩。维多利亚女王是伊丽莎白的高祖母,也是蒙巴顿伯爵的曾外祖母。

但毫无疑问,这次访问的重头戏仍然是新任总督在卡里斯布鲁克城堡的就职典礼,这座古堡一直是王室代理人在怀特岛的官邸。第 68 任怀特岛总督蒙巴顿伯爵以一个吻手礼欢迎女王的到来。"陛下,被任命为怀特岛总督是一份莫大的荣誉,而您御驾亲临，亲自主持仪式的决定更让我倍感荣幸。"亲切的舅舅感谢道。女王受之无愧。她当时正戴着一顶珊瑚红的小帽，心情十分愉悦。更何况小岛正处于盛夏时节，天气可人，来此访问就像在参加一场乡间游乐会。

即使是菲利普亲王的口误也没有破坏节日般的气氛。当女王夫妇到访市政厅时，菲利普亲王大声惊叹市议员的着装"略显寒酸"。这个评论让大家哄堂大笑，也让可怜的议员们倍感尴尬。"市政府正计划采购新的衣服，大家已经商量很久了。"其中一位说道。"这不是个坏主意。"[21]菲利普亲王挖苦道。比起上午的仪式，他更喜欢下午晚些时候举办的选美皇后的花街游行。

当王室夫妇离开的时候，还有一个最后的"意外"等待着他们。比起乘坐皇家小艇回到"不列颠尼亚号"，伊丽莎白和菲利普接受了搭乘第一艘面向大众的商业气垫船的邀请，毕竟，这是进步的象征。蒙巴顿伯爵在港口目睹了气垫船"轰隆隆"地驶去……然而，刚开出300米，小船就开始急促地"喘息"。很快，气垫泄气了，小船无助地漂浮在海面上。必须将搁浅的气垫船拖走才能"拯救"女王和亲王。伊丽莎白二世试图安慰沮丧的船员。豁达的蒙巴顿伯爵脱口而出："如果这是一架飞机，查尔斯王子早就登上王位了。"[22]

册封查尔斯
SACRER CHARLES

1969 年 7 月 1 日　卡那封

1969 年 7 月 1 日，在卡那封城堡，查尔斯王子跪在女王的面前。这位 20 岁的青年身着威尔士皇家军团上校的制服，即将在 4000 名宾客和 5 亿电视观众的注视下被正式册封为威尔士亲王。这一盛大的仪式主要是由他的姨父阿姆斯特朗－琼斯策划的。在与玛格丽特公主成婚之后，他就被封为斯诺登伯爵了。但官方的司仪仍然是诺福克公爵，因为他的家族自 1386 年起就负责主持王室的加冕礼和葬礼。作为一名艺术家，斯诺登伯爵热衷于各种宏大的场面。他对细节也极为关注，甚至不惜给为公众准备的 4000 张椅子盖上威尔士粗花呢，并且要求在椅子上安装凸面镜，以便让位置不太好的客人也能够看到女王和王储的一举一动。在庭院中央，老练的导演设计了一个圆形的石板平台，上方是有机玻璃制成的华盖，以保护当天参加仪式的"演员们"。册封仪式不负众望，既有中世纪的华丽美感，也体现了 60 年代的未来主义美学。虽然说册封仪式并不罕见——上一次册封仪式也是在卡那封城堡举行的，时间是 1911 年 7 月 13 日。当时的爱德华王子，未来的爱德华八世和温莎公爵，从他父亲乔治五世手中接过了威尔士亲王的王冠……1936 年退位后，他在匆忙之间将这个王冠带走了。由于没能将这一珍品从前国王手中要回，白金汉

官不得不订制了一个全新的王冠。金匠兼设计师路易斯·奥斯曼（Louis Osman）负责设计查尔斯的王冠。他设计了一顶既有现代气息又镂空的王冠，上面镶嵌着祖母绿和 13 颗钻石，呈天蝎的形状排列——这正是王子的星座。

公众的好奇心并不止于这一顶王冠。他们想知道：女王会在册封仪式上佩戴她自己的王冠吗？伊丽莎白二世选择佩戴一顶帽子，并让米尔曼负责设计。后者推荐了一顶饰有珍珠的丝绸帽子，灵感来源于都铎时代的头饰。在一个已经充满各种象征性符号的仪式上，这是又一个历史性的参照物。

授予王位继承人威尔士公国和切斯特郡的各项头衔、荣誉和特权的册封书是由专人用威尔士语朗读的，伊丽莎白二世则将剑、戒指、权杖以及天鹅绒和貂皮制成的披风赐予王储。"我，查尔斯，威尔士亲王，将成为您忠实的臣子。"王子向他的母亲宣誓效忠，此时人群一片欢呼。王室众人终于放下心来，查尔斯圆满地完成了他的任务。更重要的是，威尔士分离主义者并没有来破坏这场仪式。而就在那天早上，有两名民族主义分子在制作用来袭击王室的炸弹的过程中，因自制炸弹爆炸丧生了。

与民众更近一步
UN PAS DE PLUS VERS LE PUBLIC

1970 年 5 月 1 日　悉尼

距离伊丽莎白二世和菲利普亲王首次访问澳大利亚,已经过去了 17 个年头。1954 年以来,澳大利亚人慢慢加深了对这个虽然远在天边,但同时也属于他们的王室的了解。1954 年至 1970 年间,仅菲利普亲王就曾五次访问这个巨大的"岛屿"——一次在 1963 年,与女王一道来访,其余四次都是单独到访,分别在 1956 年、1962 年、1965 年和 1968 年。1970 年 3 月,正值詹姆斯·库克(James Cook)首次远航 200 周年纪念日之际,女王夫妇又安排了一次大洋洲之旅。

但是女王的光环该如何维持呢?白金汉宫意识到,女王不再是 50 年代那个引领女性潮流的魅力人物了。她现在是一位有着 4 个孩子(包括两个年轻人)的成功母亲,一位正值盛年的君主。她当然使人信服。然而,在时代的洪流下,公众更多地要求现代化,要求君主表现出更多的人文关怀,而不是一味地墨守成规。一位名叫威廉·赫塞尔廷(William Heseltine)的澳大利亚人将帮助温莎家族向世界呈现一种更加亲民的形象。这名男子来自珀斯郊区的约克小镇,居住在英国,是女王陛下的媒体事务负责人。前一年,当他向英国广播公司的摄像机敞开了王宫的大门时,

"我相信她穿的衣服都是她自己喜欢的，
但她也喜欢让民众感到高兴。"
—— 西蒙娜·米尔曼

就已经取得了决定性的胜利。这些摄像机会在近一年的时间内贴身拍摄女王一家的生活。最初,这还只是为了拍摄一部关于王储生活的纪录片,并非如此雄心勃勃。但赫塞尔廷看得很远。"最终决定不是简单地记录查尔斯王子的生活,而是介绍他未来所面临的任务。而揭示这一切的唯一方法就是展示女王所承担的一切工作。"[23] 导演理查德·考斯顿(Richard Cawston)在1971年回忆道。最终,这部以《英国王室家庭》(Royal Family)为名的纪录片取得了巨大的成功,在其首播时吸引了超过4000万电视观众。他们带着难以置信的神情看着菲利普亲王和安妮公主在巴尔莫勒尔堡烤香肠,看着女王随意地推开一家杂货店的门,为家里最小的爱德华王子买冰激凌。终于,公众看到了王室一家之间的亲密关系。然而王室很快就后悔了——他们礼貌地要求英国广播公司不再重播这部纪录片。

然而,现代化正在进行,而且永不会停下脚步。为了1970年的这一次出访,女王向她的御用设计师哈特内尔和埃米斯订制了56条裙子,并要求将它们剪短。"在允许的范围内尽可能地剪短。"埃米斯在女王的一张照片上写道,尽管他讨厌迷你裙。为了让他设计的套装尽可能地符合王室高贵的气质,他与同样来自澳大利亚的年轻女帽设计师福克斯展开了合作。但是,1970年5月1日这一天,女王佩戴的还是由法国女帽设计师米尔曼出品的一顶覆盖着象牙色丝带的小贝雷帽。戴着这顶帽子,她和大众第一次亲密接触,这也是赫塞尔廷的终极创意。过去习惯于同精英阶层进行单独交流的伊丽莎白二世走出了自己的象牙塔,说服自己在拥挤的街道上行走,这打破了一个世纪以来的君主制传统。她第一次破天荒地跟随自己的脚步,与欣喜若狂的民众近距离交流。

温莎公爵默默逝去
LE DUC DE WINDSOR S'EN VA SANS BRUIT

1972 年 5 月 18 日 巴黎

"无与伦比！"《每日镜报》为其君主感到自豪。"昨天，女王在 7 个小时内换了 5 套衣服，向巴黎展示了令人叹为观止的皇家时尚。"如果说 1972 年 5 月女王对法国的正式国事访问的开局一切都很顺利，如在大特里亚农宫的晚宴、在凡尔赛皇家歌剧院的芭蕾舞表演等，那幕后只能说是愁云惨淡了。问题出在女王的伯父爱德华八世，即温莎公爵身上，他罹患喉癌，身体极度虚弱。温莎公爵和他的妻子沃利斯·辛普森（Wallis Simpson）居住在位于布洛涅森林旁的私人豪宅中。自 1936 年退位以来，尽管紧张气氛逐渐缓和，但温莎公爵一直都是他家人眼中的忌讳。1967 年，女王极其罕见地邀请了温莎公爵和他的妻子一同出席一座纪念碑的揭幕仪式，以纪念前国王的母亲玛丽王后。要知道，玛丽王后终其一生都拒绝同辛普森相见！公爵和公爵夫人因此希望能够体面地回归，公爵夫人更希望能获得期待已久的"殿下"的称谓。然而，什么都没有发生。1969 年，公爵再次被单独邀请参加他的堂侄孙被册封为威尔士亲王的仪式。这让他大为受伤，并满足于通过电视来观看这一盛典，就像他在侄女 1953 年的加冕礼时所做的那样。前任君主日益衰弱。自 1972 年 2 月起，他住进了位于塞纳河畔讷伊的美国医院。等到出院回家时，他已经形容枯槁了。

如果他在女王对法国进行国事访问期间离世怎么办?"这不亚于一场政治灾难。"²⁴ 身处巴黎的英国大使克里斯托弗·索姆斯爵士(Sir Christopher Soames)叹息道。女王的私人秘书马丁·查特里斯爵士(Sir Martin Charteris)向一位普通的宫廷记者坦承道:"我知道他将不久于人世,您也很清楚这一点,但官方层面上我们对此一无所知。"²⁵ 白金汉宫正在钢丝上行走。

女王的日程中留出了一个空隙,以便能够见伯父最后一面。5月18日,女王、菲利普亲王和查尔斯王子在隆尚赛马场参加活动。女王身着埃米斯设计的蓝色碎花外套,头戴精美的布列塔尼帽,享受着赛马会。而接下来王室一家就要去温莎公爵夫妇家喝茶,后者的住所就在附近。在台阶上迎接客人时,辛普森行了一个深深的屈膝礼。而在1967年,面对她一生的对手——伊丽莎白的母亲时,她却一直不愿意行此礼,只是简单地与之握了握手。这一次,她可能是被女王对其丈夫的关心打动了。在客厅里,公爵夫人给女王、菲利普亲王和他们的儿子敬茶。至于温莎公爵,因为病重,他不能离开自己的房间。但他仍然穿戴整齐,坐在扶手椅上迎接他的侄女——她是唯一一个被允许上楼的。在这最后一刻钟的私下会面中,他们对彼此说了什么呢?只有他们自己知道。第二天,女王离开了法国。9天之后,前大不列颠、爱尔兰及英属各海外自治领的国王和印度皇帝爱德华八世驾崩了。

"戴上帽子之后,你可以成为任何人。"
—— 弗雷德里克·福克斯

海克莱尔
HIGHCLERE

1974 年 6 月 16 日　尚蒂伊

伊丽莎白二世对柯基犬的热爱堪称传奇，但我们常常忘记，女王也是一个狂热的马匹爱好者，同时也是一名优秀的骑手，还是一名杰出的饲养员，正如她的曾祖父爱德华七世一样，而后者在 1909 年成为第一位赢得埃普索姆德比赛马会大奖的君主。在祖父乔治五世的带领下，小小的莉莉贝特在赛马这个领域走出了第一步。虽然乔治五世对小孩普遍没有什么耐心，尤其是自己的孩子们，但是有一天，人们发现，老国王正在孙女面前扮演马匹。他四肢着地，口里喘着粗气，旁边是在疯狂鼓掌的小姑娘。在伊丽莎白二世 4 岁生日这一天，老国王送给她人生中的第一匹设特兰小矮马*，名字叫作佩吉（Peggy）。

马术将成为女王的一个避风港。她在桑德灵厄姆的庄园以及美国肯塔基州的马厩中训练了多达 30 匹马。她的冠军马们在国内外大出风头，是她的骄傲。其中最耀眼

---

*　产于英国的设特兰群岛，是闻名世界的著名矮马品种，肩高在 70—85 厘米。它既是皇家贵族的宠物，也是儿童亲密的伙伴；既可供儿童骑乘，也可拉马车参加比赛。

的一次是在 1974 年，在法国尚蒂伊，女王带着她的母马海克莱尔（Highclere）取得了一场最为酣畅淋漓的胜利，她们赢得了戴安娜大奖赛的冠军。那天，女王乘坐敞篷车从小路驶过，在欢呼声中来到了赛马场。她戴着别出心裁的绿色帽子，这是米尔曼的典型风格，旨在模仿 60 年代和 70 年代流行的蓬松发型。

在看台上，伊丽莎白二世在一片欢腾中见证了她不满 3 岁的母马的胜利。赛事评论员莱昂·齐特隆（Léon Zitrone）回忆道："距离终点还有 300 米，海克莱尔处于领先位置。女王做出了不同寻常的举动——她将左手放在唇边，尽力避免因太过高兴而失态。但她的愉快是掩饰不住的。看到她容光焕发的脸和如此灿烂的笑容，我不由得对着麦克风喊道：英语里可没有'无动于衷'这个词！"[26]

之后，伊丽莎白二世从主办方手中接过奖杯，主办方却希望重新将奖杯取回，以便按照惯例刻上女王和她的母马的名字。女王断然拒绝，她坚持将奖杯直接带回英国，并在当天晚上举办了一场只有她的亲人参加的盛大晚宴，来庆祝这一成功。当天出席比赛的国际赛马组织联盟主席路易·罗马内（Louis Romanet）在 40 年后向记者伊莎贝尔·里韦尔（Isabelle Rivère）讲述了这则逸事。女王在沮丧的官员面前笑道："别担心，我们英国也有优秀的雕刻师嘛！"[27]

一直到今天，各类赛马会依旧是女王的欢乐源泉，尤其是雅士谷马场的比赛。2020 年，由于新型冠状病毒肺炎疫情，该赛马会首次在没有任何观众的情况下举行，连伊丽莎白二世也没有出席，这还是即位 68 年来的第一次。除了看比赛，女王自己也很喜欢骑马。在她的统治期间，她有过好几匹忠实的坐骑。在 1952—1974 年间，她一直骑着由加拿大骑警赠送的一匹名叫"缅甸"的黑色公马，参加每年在她生日这一天在伦敦举行的女王寿辰日阅兵仪式（即军旗敬礼分列式）。如今，即使已经 95 岁高龄，女王仍然没有失去她作为骑手的骄傲。每到天气晴朗的时候，她都会骑着一匹名叫巴尔莫勒尔·弗恩（Balmoral Fern）的马驹，在温莎城堡的庄园内散步。

菊花宝座

LE TRÔNE DU CHRYSANTHÈME

1975年5月10日 京都

"我最亲爱的妈妈……" 1869年9月3日，阿尔弗雷德王子（Prince Alfred）从江户（东京的旧称）给他的母亲维多利亚女王写信。"我完全迷失了。这里风景如画，既让我耳目一新，又让我如堕烟海。"当时，日本刚刚从长达两个多世纪的闭关锁国状态中走出来。阿尔弗雷德是第一个来到这一令人难以想象的异域帝国的欧洲王子。18世纪以来，西方人就从日本列岛大量进口漆器和瓷器，并为之着迷。1881年，阿尔弗雷德王子的侄子们，即威尔士亲王的两个年长的儿子，也踏上了这片土地。他们分别是时年18岁的阿尔伯特·维克托王子（Prince Albert Victor）和16岁的乔治王子（Prince George）。两位年轻的英国王子十分热衷于日本文化，甚至都在当地文了身：阿尔伯特·维克托文了一对鹤，象征着吉祥和长寿（然而他28岁就病逝了）；乔治，即未来的乔治五世，伊丽莎白二世的祖父，则文了一对龙与虎，代表着东西方文明的交汇。

女王的帽子：伊丽莎白二世的传奇人生

在1929年经济大萧条之前，英国王室和日本皇室一直保持着密切的联系。1921年，皇太子裕仁访问英国；次年，未来的爱德华八世也访问了日本。但是，自20世纪30年代以后，日本的民族主义开始泛滥，随之而来的侵略和扩张野心最终无可挽回地将菊花宝座推入了大英帝国的敌营之中。直到1953年，皇太子明仁亲临女王的加冕仪式，两个王朝才重修旧好。1971年，裕仁天皇再一次对英国进行了正式访问，这距离他第一次访问英国已经过去了50年。现在轮到伊丽莎白二世回访了……1974年秋，白金汉宫宣布，女王将在次年春天对日本进行为期6天的国事访问。在这一背景下，时任英国驻日本大使休·科塔兹爵士（Sir Hugh Cortazzi）第一次觐见女王，女王的专业态度和敬业精神给他留下了非常深刻的印象。"女王获取信息的方式和效果让人十分佩服。她的笔记中没有一处错误，每一个人名的发音都很准确。她一定进行了精心的准备和大量的记忆。"28

在京都，女王开始学习茶道。她头戴一顶药盒帽，帽子的两边装饰着用鸵鸟羽毛编织的毛球。至于菲利普亲王，他对蹴鞠兴趣盎然，跃跃欲试。这是一项古老的运动，很容易让人联想起足球。在日本，人们都身着宫廷服装进行比赛。然而，尽管大家互相尊重，相处起来却并不总是那么容易——女王的出行方式就让英国驻日本大使馆犯了难，尤其是车队的问题。像往常一样，白金汉宫想让女王乘坐敞篷车从首都的街道驶过，这样围观的民众才能见识到女王的风采。不过，这对裕仁天皇和他的皇室侍从来说却是不可想象的。在日本，皇室总是隐藏在森严的宫墙之后，与世隔绝，日本的民众在觐见天皇时甚至都要垂下眼帘。与之相比，女王的出行显得过于大胆。那么，究竟采取什么样的方式才合适呢？伊丽莎白二世毫不让步，坚持要与民众保持接触。眼看这一历史性的访问即将被取消，就在这时，日本的官员们提出了一个折中方案——保留女王的车队，但车窗必须装上不透明的玻璃，另外汽车的时速不能低于每小时60千米。伦敦方认为这一提案简直荒谬。最终，日本人让步了。5月9日，伊丽莎白二世的车队受到了东京人民的夹道欢迎。

两顶帽子
只要一顶的价

DEUX CHAPEAUX POUR LE PRIX D'UN

1977 年 6 月 7 日 伦敦

1977 年，英国人正在准备庆祝伊丽莎白二世的银禧（即在位 25 周年）。但是，人们多少有点心不在焉，因为当时英国正遭受着经济危机的严重打击。1976 年，詹姆斯·卡拉汉（James Callaghan）政府为了避免破产，不得已下定决心向国际货币基金组织寻求帮助。英国上空乌云密布，而这个银禧庆典的目标就是让这个国家重焕生机。

6 月 6 日晚上，在温莎城堡的庄园中，女王手持火炬，亲自点燃了一连串篝火中的第一堆。这些篝火遍布各地，旨在照亮整个英国的夜空。第二天，上百万民众从全国各地涌入伦敦，去围观王室的庆祝活动。女王一家则乘坐着四轮华丽马车和兰道车*，前往圣保罗大教堂参加谢主恩的仪式。这些马车中最令人印象深刻的，同时

---

* 一种四轮的敞篷载人马车，因最早出现于德国兰道而得名。

也是乘坐起来最不舒服的，是女王乘坐的黄金马车。自乔治四世以后，这架马车便一直用于君主加冕礼，为了此次银禧庆典，它被重新投入使用。从教堂出来之后，为了与民众近距离接触，女王决定步行到市政厅，参加在那里举办的午宴。

在银禧之后，还会有金禧和钻禧。除了这场庆典，还有一件物品会被历史铭记，那就是女王当天佩戴的帽子。不仅如此，它甚至成了一个流行文化符号。由网飞（Netflix）制作的《王冠》（*The Crown*）* 第三季于 2019 年首播，片头一开始出现的就是这顶帽子。当然，这部剧肯定受到了温莎家族现实生活的启发。其实，女王并不是第一次佩戴这顶由福克斯设计的装饰着铃铛状饰物的粉红色贝雷帽。2003 年到 2004 年间，在为大英图书馆录制的一系列录音采访中，福克斯讲述了他非凡的过去。根据他的回忆，这顶帽子原本是为女王在 1976 年 7 月对美国进行的国事访问而专门制作的，但由于当时天气恶劣，女王最终没能在预定的日期佩戴它。到了 1976 年 7 月 17 日，在蒙特利尔奥运会的开幕式上，女王终于戴上了这顶帽子。而在 1977 年 6 月 7 日的圣保罗大教堂里，女王本来应该穿着由埃米斯设计的另一套完全不同的服装，并搭配一顶女士小帽。"我们在银禧庆典前一周去了王宫，向女王展示了一条由苹果绿的欧根纱制成的、非常美丽且轻盈的长裙，还搭配了一件外套和一顶覆盖着奶白色小花、帽檐是淡绿色的女式小帽。"[29] 伊丽莎白二世被说服了，认为这一套很完美。但是 6 月 7 日那一天的早晨，天空灰蒙蒙的，气温很低。福克斯在电视机前颤抖起来。"我当时就觉得她不能穿准备好的那一套，她会被冻坏的。所以当我看到女王陛下选择了这身粉红色的套装时，我非常高兴。这当然是一个完美的选择！"[30]

2016 年，在女王 90 岁生日之际，皇家收藏信托基金会以"女王的衣橱"为主题策划了一场展览。这顶具有象征意义的装饰着铃铛状饰物的粉红色贝雷帽在展览中占据了一个特别的位置。但是保管者们惊讶地发现，在王室仓库中还有一顶一模一样的帽子，而且上面有当时另外一位知名的帽子设计师米尔曼的签名！难道白金汉宫要求米尔曼照着原版重新制作了一顶？但那是为什么呢？女王在银禧庆典那天佩戴的究竟是哪一顶？这个秘密恐怕只有逝去的设计师们知道了。

---

* 该剧第一季于 2016 年 11 月 4 日在美国首播。

女王的帽子：伊丽莎白二世的传奇人生

巴哈马的女主人们
LES DAMES DES BAHAMAS

1977年10月19日 拿骚

随着1977年银禧庆典的结束，女王又开启了新一轮巡游英联邦的旅程。结束了春天对太平洋地区的访问后，秋天时，伊丽莎白二世和菲利普亲王又抵达了加勒比海。10月19日，"不列颠尼亚号"停靠在巴哈马拿骚港。正值当地的詹卡努狂欢节*，歌舞升平，朗姆酒酒香四溢。伊丽莎白二世身着带有领结的白绿相间碎花连衣裙，这是20世纪70年代的潮流。至于帽子，她选择了由米尔曼用同样面料制作的布列塔尼帽。这一套搭配看上去大方雅致，非常适合热带岛屿炎热潮湿的气候……但是一到下午，女王就必须把这身衣服连同帽子一起换下来，然后穿上一整套晚礼服，戴上头饰，去主持当地议会的开幕仪式！

当地最年长的人犹记得上一次王室成员的来访。1940年8月17日，前国王爱德华八世和他的妻子辛普森登陆该岛。温莎公爵刚刚被任命为巴哈马总督，而这一使命的目的是让他远离柏林和波云诡谲的政治算计。第二次世界大战中期，前国王认

---

* 詹卡努狂欢节（Jacanu's Carnival），也译作"贾卡努狂欢节"，是加勒比海英语地区举行的一种街头狂欢活动，混合了歌舞、非洲传统服饰等元素。

"当她很喜欢一顶帽子时,
她会把它当成朋友对待。"
—— 西蒙娜·米尔曼

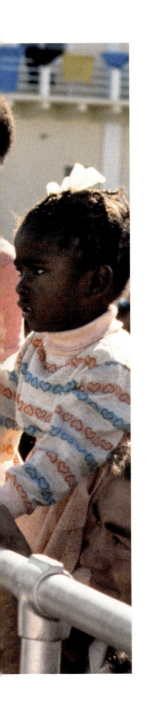

为自己可以在战争中扮演一个积极的角色。他希望通过向第三帝国求情，缔结一个和平条约。然而这样的和平并非大家所愿，而且应者寥寥……丘吉尔害怕他会被纳粹绑架，于是将他派往世界的尽头，去当一个没有任何战略价值的群岛的傀儡总督。麻雀虽小，五脏俱全。在这个小小的天堂里，温莎公爵夫妇衣食无忧。尽管如此，他们还是觉得百无聊赖，一有机会就逃到美国。在纽约，公爵夫人进行了第一次整容，并且每次到访都会疯狂购物，这让大家议论纷纷。然而她否认自己挥霍无度，并声称自己一年只买一百来件衣服……事实上，公爵夫人唯一还能说得上话的领域就只有时尚了。白金汉宫说得很清楚：不管是在伦敦还是巴哈马，公爵夫人在任何情况下都不得拥有"殿下"这一王室头衔。给一个离过两次婚的阴谋家"公爵夫人"的称号就已经是"格外开恩"了。而且，当公爵和公爵夫人于1945年离开巴哈马时，没有人对他们的离去感到惋惜和不舍。

相比之下，伊丽莎白二世和菲利普亲王在巴哈马的停留只有短短两天，而且似乎相当节省。尽管如此，因为正值经济危机，而且巴哈马当地有近25%的人口处于失业状态，女王夫妇的排场还是让一些人咬牙切齿。据美国联合通讯社报道，这次王室旅行的花费高达25万美元。10月20日，女王和菲利普亲王辞别东道主，启航前往英属维尔京群岛以及安提瓜和巴布达，去为这些地方的议会主持开幕式。

与此同时，在7000千米外的伦敦，女王夫妇的长子查尔斯王子和他的女朋友们的绯闻（不管是真实的还是虚假的）被炒得沸沸扬扬，经常成为报纸的头条新闻。他的绯闻女友包括尼克松总统的女儿特里西娅·尼克松（Tricia Nixon）和卢森堡公主玛丽-阿斯特里德（Princess Marie-Astrid），她们俩都出席了查尔斯在1969年的册封仪式。在她们之后，王储被认为与莎拉·斯宾塞女勋爵（Lady Sarah Spencer）有暧昧关系，而后者正是一个叫戴安娜的姑娘的姐姐。但这段脆弱的友谊并不长久。对英国人和巴哈马人来说，他们还得再等上一段时间，女王的长子才能找到一位注定有朝一日会成为新的巴哈马女主人的王妃。

高风险任务
MISSION À HAUT RISQUE

1979 年 7 月 27 日 卢萨卡

"这一决定无比艰难,但不可避免。"在下议院,撒切尔夫人毫不掩饰自己的尴尬。她的政府是否应当授权女王前往赞比亚?这是女王南部非洲之旅的最后一站,而她将在几天后启程。令人纠结的原因是,20 世纪 60 年代末,南罗得西亚(津巴布韦的旧称)陷入内战,邻国赞比亚随后便成为南罗得西亚游击队的后方基地。据称,赞比亚境内的叛军人数将近两万,这支军队由约书亚·恩科莫(Joshua Nkomo)*领导,他与罗伯特·穆加贝(Robert Mugabe)**是莫逆之交。这支军队还配备了苏式防空导弹,并且已经成功击落了两架客机!这足以让白金汉宫和唐宁街惊出

---

* 约书亚·恩科莫(Joshua Nkomo),津巴布韦政治家,曾领导成立津巴布韦非洲人民联盟(ZAPU),创建并领导南罗得西亚游击队。津巴布韦于 1980 年独立,恩科莫被誉为"津巴布韦之父"。1990 年起,恩科莫担任了津巴布韦副总统,直至 1999 年逝世。
** 罗伯特·穆加贝(Robert Mugabe),津巴布韦前总统,政治家。创建并领导津巴布韦非洲民族联盟(ZANU)进行反对白人种族主义政权的斗争,于 1980 年津巴布韦独立之后出任实权总理,并于 1987 年后连续担任六届总统,直到 2017 年在姆南加古瓦领导的政变成功之后下台,2019 年离世。

一身冷汗……但女王毫不慌张，坚持前往赞比亚，这既是为了她自己的声誉，也是为了英联邦的未来，因为 8 月初将在赞比亚首都卢萨卡举行英联邦会议，而她希望能够主持会议的开幕式。

1979 年 7 月 27 日，正是在这种紧张的气氛中，女王夫妇和他们的儿子安德鲁王子（Prince Andrew）乘坐的皇室专机小心翼翼地避开了南罗得西亚的领空，平安地降落在赞比亚的土地上。伊丽莎白二世身着黄色连衣裙，头戴饰有硕大花朵的毡制钟形帽，向亲自前来迎接她的赞比亚总统肯尼思·卡翁达（Kenneth Kaunda）致意。后者向她介绍了在停机坪上等候的其他政界要人。恩科莫也被邀请了，但他并没有参加当天的欢迎仪式，因为他对英国媒体将其描述成"恐怖分子"而感到气愤。虽然如此，情绪上的起伏并没有让恩科莫放弃履行停火承诺。

赞比亚人民手举各式各样的条幅和标语牌夹道欢迎伊丽莎白二世，然而并不是所有人都在说她的好话。一些人手持支持南罗得西亚叛乱的标语牌，有的写道："欢迎来到赞比亚，民主、和平和自由与种族隔离、压迫和奴隶制的分界线。"有的写道："请不要在你对英联邦的演讲中清算津巴布韦。"不管怎样，女王亲自前来主持 8 月 1 日的会议开幕式这一举动就表明她不会被恐吓。对她来说，最重要的是要不惜一切代价保持英联邦成员之间的对话并维护团结。"当环绕着她的政治人物互相攻讦、气氛紧张时，女王依然默默地在幕后工作……她在对立的派系之间充当仲裁者，提供咨询、给出建议并鼓励积极的举措。"[31] 赞比亚人也意识到了这一点。在女王夫妇离开的那一天，合唱团唱道："再见，再见吧亲爱的女王，下次再来。"白金汉宫的新闻秘书迈克尔·谢伊（Michael Shea）则欣喜若狂："此次访问轰动一时，是有史以来最成功的一次。"[32] 伊丽莎白二世得胜而归。她本可享受一个应得的假期，就像每个夏天的巴尔莫勒尔堡之旅一样。然而，1979 年 8 月 27 日，爱尔兰共和军（Irish Republic Army，简称 IRA）炸毁了蒙巴顿伯爵的游船，迪基舅舅和他的一个孙子以及一名船员当场遇难。女王短暂的假期就这样结束了。

女王的帽子：伊丽莎白二世的传奇人生

阳光下的噩梦
MISSION À HAUT RISQUE

1980 年 10 月 27 日 马拉喀什

1980 年，伊丽莎白二世进行了一次环地中海之旅。在访问完意大利和罗马之后，女王马不停蹄地赶往马格里布地区——首先是突尼斯，然后是阿尔及利亚，最后是摩洛哥。这是女王陛下首次对摩洛哥进行国事访问。然而这场历史性的访问对她及随行人员来说无异于一场真正的噩梦。记者兼导演罗伯特·哈德曼（Robert Hardman）在讲述这次旅行中发生的意外时，甚至将其描述为"女王统治期间最混乱的国事访问"。[33] 问题出在自 1961 年起在位的哈桑二世国王，他遇事多疑，而且行事让人难以预测。这位国王可以随心所欲地破坏官方原定的行程，并且总是毫无预兆地突然消失，他似乎很抗拒守时这一行为……而伊丽莎白二世却以十分守时著称！第一天晚上，女王就不得不在车里等了半个小时，因为她的招待晚宴还没有准备好。这只是她接下来几天所要经历的一切的一个"开胃菜"而已。果然，从第二天开始，女王的神经就持续地经受着考验。当天，她被邀请到沙漠中共进午餐，但东道主却迟迟未到，极尽怠慢之能事。伊丽莎白二世只好坐在为英国代表团搭建的帐篷下苦等。传统舞蹈和马术表演轮番上演，时间一分一秒地过去了，摩洛哥国王却一直不见人影！在摄影师们的镜头下，头戴米尔曼设计的丝质虞美人帽的女王

倍感无聊且相当恼火，还很饥饿！当哈桑二世终于出现在午宴上时，时针已经指向了下午 4 点。英国客人们被邀请坐下吃饭。按照摩洛哥习俗，哈桑二世开始用手进食。他是想为难伊丽莎白二世吗？前几天，女王在阿尔及利亚也遇到了类似的难题。她面对着大块烤羊肉，却没有任何餐具。但她毫不犹豫，干脆利索地撕下羊肉食用，就像她的随行人员事后所描述的那样。这一次，她同样拒绝了提供给她的餐具。

然而，王室的耐心终究是有限度的。"我很感谢您没有以这种方式同我的随行人员说话。"她对哈桑二世说道，后者当时正当着她的面对他的一位私人秘书发脾气。还有一次，国王陪同女王陛下去某处访问时，虽然后者格外期待，哈桑二世却试图中途停车并取消已经确定好的行程，女王陛下冷冰冰地回应道："好的。在这种情况下，您可以停车。我会跟着我们自己的车队去。"

在这场重要的国事访问的最后一个晚上，轮到伊丽莎白二世邀请摩洛哥国王参加在"不列颠尼亚号"上举办的一场答谢晚宴。哈桑二世从不让人失望，他又一次通知说不能准时参加，并要求推迟庆祝活动的开始时间。"这不可能。"女王回答道，但同时又向国王保证：他的迟到是可以被原谅的。于是，愤怒的摩洛哥国王带着比预计多得多的随从赶到了皇家游艇。人数实在太多了，甚至一度让人担心没有足够的座位给他们坐。伊丽莎白二世平静地等待着风暴的平息，她表现得机智又得体。翌日，摩洛哥国王宣布对这次访问感到高兴。1987 年，应女王陛下的邀请，哈桑二世前往伦敦进行了国事访问。

世纪婚礼
LE MARIAGE DU SIECLE

1981 年 7 月 29 日 伦敦

1981 年 7 月 29 日,一共有 7.5 亿电视观众收看了威尔士亲王和年轻的戴安娜·斯宾塞女勋爵(Lady Diana Spencer)的婚礼。"出格"的时代来临了。新郎新娘并没有选择威斯敏斯特教堂,而是在圣保罗大教堂交换了对彼此的誓言。而自 1501 年亨利七世(Henry VII)的长子亚瑟王子(Prince Arthur)和阿拉贡的凯瑟琳(Catherine of Aragon)在这里举行婚礼之后,圣保罗大教堂就再也没有迎来过皇室婚礼了。戴安娜的婚纱现在已经是一个时尚符号了,它由象牙色的塔夫绸面料制成,裙摆足足有 8 米长,而且据说新娘还希望裙摆能更长一些。这身婚纱塞满了载她去圣保罗大教堂的马车。戴安娜亲自挑选了刚毕业的年轻设计师伊曼纽尔夫妇——大卫和伊丽莎白——共同为她设计了这一套婚纱。"我们想让婚礼有戏剧性色彩,而这件婚纱就是每个人对童话中的公主的想象。时机也恰到好处,因为这是花饰和飘逸风的时代。"设计师夫妇对英国广播公司如是说。然而,这场世纪婚礼并没有给他们带来好运——尽管在全球范围内收获了巨大的曝光量(或许正因为如此),他们的时装工作室却迅速倒闭,这对年轻夫妇最终以离婚收场。

这场由戴安娜掀起的媒体旋风才刚刚开始。面对新的潮流,伊丽莎白二世却没有丝毫改变。虽然不可或缺的哈特内尔已于 1979 年去世,但他的弟子——时装设计师托马斯继承了他的衣钵,设计并制作了女王的双绉真丝礼服和外套。1974 年,为了安妮公主的婚礼,哈特内尔委托米尔曼设计女王的帽子;而这一次,托马斯也萧规曹随。米尔曼设计的这两顶帽子非常相似,尽管第一顶更像围巾——这是帽子设计师在 20 世纪 70 年代的个人特色。这次则是一顶绿松色的贝雷帽,上面装饰着细小的缎花。米尔曼喜欢用这两种样式为女王设计帽饰。"它们非常适合她,"几个月后她向一位记者透露道,"我想给女王陛下新的东西,把她从近十年来大家所熟知的鲜花和羽毛中解放出来。" [34]

"她喜欢简单纯粹,不喜欢离经叛道的东西。"
——西蒙娜·米尔曼

然而,年轻的戴安娜王妃的头饰并不是米尔曼设计的。这位女设计师会有遗憾吗?米尔曼解释道:"她必须打造自己的风格,选择自己的设计师,并为新一代的成长提供帮助。这是她角色的一部分。"[35] 年轻美丽的戴安娜很受欢迎,她的穿着打扮也让大众竞相追随,女帽设计师们开始期待属于帽子的黄金时代的重新回归。只需大约100英镑,你就可以买到戴安娜王妃戴过的女式小帽……戴安娜王妃甚至让20世纪40年代的面纱重获新生!但王妃仍在寻找自己的风格,萨默维尔将帮助她成长。虽然她习惯戴偏小的帽子,萨默维尔仍成功说服她尝试宽边软帽,还为她专门发明了一种名叫"飞碟"的新式女帽,这种帽子需要斜着佩戴。这是一场真正的革命,也是一次成功的自我主张,连女王都被这一新式潮流吸引。

女王的帽子:伊丽莎白二世的传奇人生

谁想刺杀女王？
QUI A VOULU TUER LA REINE ?

1981 年 10 月 14 日　惠灵顿

"此次访问非常成功，女王和菲利普亲王受到了周到的招待，他们对于今天要离开新西兰而感到难过。正如女王昨晚讲话中提到的，新西兰人民的热情让她十分感动，一切都让他们感到宾至如归。"[36] 伊丽莎白和菲利普刚离开奥克兰，新西兰的政府公报就纷纷刊登致谢辞。尽管北爱尔兰危机在国际上造成了很大影响，女王对新西兰的第六次访问（她在 1953 年到 2002 年间总共对这个国家进行了 10 次访问）还是顺利结束了。1981 年 5 月至 8 月，有 10 名年轻的爱尔兰囚犯因绝食抗议英国"占领者"而饿死。当伊丽莎白二世和菲利普亲王第一次经停澳大利亚时，人们还在担心这一事件的连锁反应，因为居住在悉尼的爱尔兰人埃蒙·奥康纳（Eamon O'Conner）也开始绝食。他的健康状况令人担忧。如果他在女王及其丈夫在澳大利亚访问期间去世，事件会不会恶化？在这一背景下，一个名为"堡垒"的安保计划启动了。

在新西兰，北爱尔兰的其他支持者们正在筹备针对英国王室的抗议行动。尽管如此，女王的公众活动还是没有被取消。在惠灵顿，女王甚至乘坐着敞篷路虎车与公众打招呼。她佩戴着的粉红色毡帽是由服装设计师托马斯最喜欢的女帽设计师奥雷根制作的。除此之外，女王还收到了十多束鲜花。当局甚至允许孩子们跟在车后面跑。只有大约15名反对者试图以"还爱尔兰以自由，撤军！"的口号扰乱女王的访问，但无关痛痒。

1981年10月14日，当女王夫妇与新西兰总理罗伯特·马尔登（Robert Muldoon）共进晚餐时，人们听到了一声爆炸声，但并不知道它来自何处。媒体还是报道了这则不大不小的新闻。报纸带着开玩笑的口吻，把它同当天早上在南部的达尼丁的一场虚惊放在一起："当女王乘车穿过这座城市时，有人开了枪。后来警方逮捕了一名在自己的土地上猎鸟的男子。"[37] 直到2018年这类敏感信息的档案解密之后，人们才找到这位神秘猎人的踪迹——这是一个名叫克里斯托弗·约翰·刘易斯（Christopher John Lewis）的少年，当时年仅17岁，而且精神失常。但他并不是在猎鸟，而恰恰是要刺杀君主！"这可能是最接近于成功暗杀女王的人。"《卫报》（*The Guardian*）称。年轻的刘易斯手持步枪，在女王下车时向她开枪，所幸子弹没有造成任何伤害。因为太过尴尬，新西兰政府将这一事件隐藏多年。至于枪手，他一直让当局心有余悸，以至于当女王在1995年再次访问新西兰时，为了让他离女王远远的，新西兰政府宁愿出钱送他去度假。

世界尽头的女王
REINE DU BOUT DU MONDE

1982 年 10 月 27 日　图瓦卢

登基 30 年后,伊丽莎白二世第一次来到她治下最小的国家图瓦卢,这里的人口不足 8000 人。1978 年独立时,该群岛选择由伊丽莎白二世担任君主。但是在这里,她并不是大不列颠及北爱尔兰联合王国的女王。根据当地宪法,她是"上帝庇佑的图瓦卢女王"。作为一位波利尼西亚女王,伊丽莎白二世登上了一艘传统的独木舟,船身涂有当地民族的代表色——绿松色和金色,还装饰着树叶和花环。菲利普亲王则乘坐着第二艘独木舟跟在她的后面。到了海滩上,图瓦卢人将小舟扛在肩上,一边唱着歌,一边引领着女王和菲利普亲王走过首都富纳富提的街道。托马西·普瓦普瓦(Tomasi Puapua)总理在致辞中感谢亲王信守了他在 1959 年首次访问时做出的承诺——和他的妻子一同返回该岛。"陛下,图瓦卢的面积很小,自然资源也很匮乏。但我们相信,幸福、文明和团结比物质财富更重要。"[38] 图瓦卢的魔力很快就会发挥作用。根据王室随行人员的回忆,他们从未看到女王如此兴致勃勃,因为这种体验实在是前所未有的。"与她稳重端庄的形象相反,女王很快就适应了这里的异域风情,而且怡然自得,享受着每一个惊喜。"皇家之旅的随行记者、英国新闻协会的格拉尼亚·福布斯(Grania Forbes)如此说道。

抵达图瓦卢的第二天，女王穿上了绿松色的连衣裙，就好像是在向这一岛国的国旗致敬。虽然她佩戴着一顶装饰着硕大玫瑰的药盒帽，但这仍不足以让她免受烈日的暴晒，因此，当局还给她准备了一把遮阳伞。伊丽莎白二世打着伞参观了岛上主要的基础设施：玛格丽特公主医院（由女王的妹妹在三年前揭幕）和一个邮局！女王还获得了3枚专门为她设计的新邮票，这些邮票证明她的访问具有历史性意义。接着，她还受邀为当地议会大楼奠基，并戴着手套放下了第一块石头。最后，可能是此次访问的最大亮点，人们给她介绍了查尔斯王子在12年前种下的一棵椰子树。确实，女王是王室一家中最后一个访问图瓦卢的人……

天下无不散之筵席，伴随着一声叹息，访问结束了，伊丽莎白和菲利普即将返回"不列颠尼亚号"继续他们的旅程。但这是在图瓦卢，返程的首选还是独木舟，而且还是先由男人们扛着走过街头。不过这一次天公不作美，下起了大雨。有两位女孩分别为伊丽莎白二世和菲利普亲王撑伞，但队伍越靠近海滩，暴风雨就越猛烈。当波利尼西亚船员划着小舟前往皇家游艇时，图瓦卢正下着倾盆大雨。女王和菲利普亲王浑身湿透，大笑不止。

迷人的陪伴者
CHARMANTE COMPAGNIE

1984 年 3 月 27 日　安曼

雨过天晴。抵达约旦的第二天，女王久违地戴上了太阳镜，试着放松一下。侯赛因国王带她参观了皇家马厩。虽然这一安排中有女王所喜欢的一切，她却不能尽情享受，因为现场有太多安保人员。事实上，中东局势如此紧张，以至于当约旦国王的纯种马在他们面前走过时，伊丽莎白和菲利普还在担心地向东道主询问几千米外的约旦河谷中回荡着的坦克炮火声。人们告诉他们，这只是单纯的军事训练。然而就在两天前，一枚炸弹在安曼爆炸，这让约旦军队高度紧张，女王的安全负责人吉姆·比顿（Jim Beaton）也对她寸步不离。后者在 10 年前的绑架安妮公主未遂案中证明了自己的勇敢与忠诚。

在整个旅程中，伊丽莎白和菲利普几乎没接触到普通的约旦民众。"这感觉更像是一次私人访问，而不是正式的国事访问。女王出行时戒备异常森严，几乎没有民众可以靠近。"《星期日镜报》（*Sunday Mirror*）的记者报道。1984 年 3 月 29 日，在女王参观佩特拉遗址时，约旦军方采取了严厉的措施，遗址附近被彻底清场。在四个多小时内，还有一架军用直升机在高空不间断地盘旋。在这种紧张的气氛中，

女王竟然受到了——对她时尚品味的攻击！帽子设计师瓦莱丽·李为她制作了一顶装饰着花蕊和小花的浅绿色药盒帽，却并未受到大众的追捧，服装设计师托马斯设计的套装也同样反响寥寥。女王的帽子不再流行，她大胆的颜色选择（如糖果粉、绿松色和翠绿色等）也不再被大众认可。"有一些关于女王穿着的不好的言论。有人甚至说约旦人会觉得女王穿着邋遢。批评者指出，女王对服饰的选择无助于时尚的发展。"[39] 一家小报这样揶揄道，并指摘起王室的时尚品味。[40] 批评家们则更加刻薄。在整个访问期间，伊丽莎白二世都被拿来同另一位重量级的竞争对手——努尔王后作对比，后者当时年仅33岁，穿高跟鞋的时候身高可达1.8米。"女王老是愁眉不展、忧心忡忡，但东道主的妻子努尔王后却总是洋溢着幸福的笑容。"[41] 在机场停机坪上身着圣罗兰牌蒙德里安裙的努尔、在贝都因人帐篷中戴着头巾的努尔……这位有着叙利亚和瑞典血统的年轻美国人成为摄影师们眼中新的时尚偶像。努尔王后是侯赛因国王的第四任妻子，她与国王刚于1978年完婚。借助这场童话般的婚礼，她成功进入了王室所在的上流世界。一位专栏作家煽风点火，说约旦王后"即将登上因格蕾丝王妃[*]的离去而空缺的魅力王座"。[42] 他甚至还在后文顺便描述了一下菲利普亲王是如何"被这一美丽尤物迷住的"。

---

[*] 即格蕾丝·凯利（Grace Kelly）。凯利生于美国费城，是电影女演员、慈善家、奥斯卡影后和摩纳哥公国亲王雷尼尔三世（Rainier III）的妻子。1982年9月14日，格蕾丝·凯利因车祸去世，享年52岁。

为中国制造
MADE FOR CHINA

1986 年 10 月 14 日 八达岭

伊丽莎白二世的状态很好,她一直马不停蹄地参加各种活动。1986 年 10 月 12 日,女王搭乘专机抵达北京,对中国进行国事访问,比她早 30 分钟从日本抵达的菲利普亲王已经在机场等候她了。自这一天开始,她就没有停下过脚步,并将伴随着隆隆鼓声,完成此次为期 6 天的历史性访问。13 日,正式的欢迎仪式在天安门广场举行。21 声礼炮响起,中国政府隆重欢迎女王和亲王的到来。伊丽莎白二世所穿戴的红色外套和编织草帽与在风中飘扬的中华人民共和国五星红旗相呼应。事实上,在 1986 年的中国,大多数人都不知道女王是谁,有人甚至将她与两年前来访的玛格丽特·撒切尔(Margaret Thatcher)*相混淆。

除了与中国共产党的高级领导人会谈,在闲暇时,伊丽莎白和菲利普也进行了几次

---

* 即撒切尔夫人,英国右翼政治家,也是英国第一位女首相,于 1979 年到 1990 年间在任,因执政风格强硬而被称为"铁娘子"。她曾 4 次访华,并于 1984 年访华期间签署了《中华人民共和国政府和大不列颠及北爱尔兰联合王国政府关于香港问题的联合声明》。

观光活动。在此期间，菲利普亲王再次以他那不合时宜的笑话"脱颖而出"……必看的景点之一有1974年发现的西安秦始皇兵马俑，当然还有长城。10月14日，女王夫妇在专人陪同下来到了距北京80千米的八达岭游览著名的长城。女王是一名出色的步行者，她习惯于在苏格兰高地进行长距离散步。她大步爬着长城，欣赏美景，40分钟过去后仍然精神抖擞。她对英国代表团中气喘吁吁的成员轻声说道："待会儿下去的时候比上来更费劲。"[43] 虽然时任埃米斯助理的肯尼斯·弗利特伍德（Kenneth Fleetwood）设计的套装并不是很实用，但是就像在天安门广场上所穿的红衣一样，皇家紫的设计取悦了中国人，也让世界各地的观察者们感到高兴。由福克斯设计的同色帽子反响更佳。然而，设计师其实并没有多长时间用于创作。负责管理女王衣橱的侍女麦克唐纳在最后一刻通知他："先生，发生了一件可怕的事情——我犯了一个错误！"福克斯不得不紧急赶工，他几乎是在盲目地干活："有时会有人忘记帽子这回事，所以我既看不到女王的礼服，还得给她设计配套的帽子，简直就像是在即兴创作。关于这次游览中国长城的安排，她的衣服已经准备好了，但是没有帽子。所以我不得不接下这个工作，并争取在最后的期限内完成并交付。但前一天午餐时我才得知这个消息，而女王第二天早上就要启程了。这种事时有发生，这也是王室生活的一部分。"[44]

会说话的帽子
LE CHAPEAU QUI PARLE

1991 年 5 月 14 日 华盛顿

"希望你们今天能看见我。"伊丽莎白二世的幽默恰到好处。聚集在国会的参议员和众议员都大笑起来。大家都还记得两天前在白宫草坪上发生的那堪称灾难性的一幕……1991 年 5 月 14 日,即海湾战争结束仅 3 个月后,女王抵达华盛顿,并应邀发表了第一场演说。当然,这只是在布什(George H.W. Bush,也称老布什)总统致辞结束之后的一个礼节性回应,以表达对东道主的感谢。然而,意外发生了。美国总统身材高大(足有 1.88 米高),而女王的身材则相对矮小,她只有 1.63 米,而且并没有人考虑到要利用两人演讲的间隙在讲台前垫上一块搁脚板。结果就是,伊丽莎白二世发现自己面前的讲台太高了…… 在她演讲时,记者们只能看到福克斯制作的草帽。"一顶会说话的帽子!"这句话就这样不胫而走。

在这次事件之后,当局第二天在国会的安排堪称完美。讲台后早已放好一块观众看不到的垫脚板。各国王室访美时通常都会到国会访问,在女王之前,已经有 8 位君主在此处发言了。但是,自 1837 以后,美国法律就禁止在国会戴帽子。在 19 世纪,戴礼帽的时尚确实在某种程度上阻碍了议员之间的辩论,于是美国人规定议员进入国会落座之后需要脱帽。但英国人则不同，虽然他们也遇到了同样的困难，但仍坚持在议会中佩戴帽子，虽然这样在讲话时看不到前方，却能表明自己相对于王权的独立性。因为国王在场的时候，议员们需要脱帽。这时候，帽子俨然成为一种相对于王权的独立象征。在1991年的这次访问中，因为不希望女王在公众面前脱帽，白金汉宫的官员们特地请求美方破一次例。众议院书记官唐纳德·安德森（Donald K. Anderson）很高兴能以如此低的成本满足王室的需求，他赶紧答应下来，并大声向同事们解释道："女王就是女王。"事实上，早在1952年，荷兰女王朱丽安娜（Queen Juliana）就享受过这一待遇，而她的女儿贝娅特丽克丝女王（Queen Beatrix）也在1982年获得了特许。她们俩都没有脱帽。

15分钟的演讲结束后，女王收获了热烈的掌声。当她说完"上帝保佑美国"之后，议员们纷纷起立鼓掌。然而，仍然有一些议员抵制女王的演讲，其中有来自马萨诸塞州的众议员约瑟夫·肯尼迪二世（Joseph P. Kennedy II），他是已故总统[*]的侄子。他对北爱尔兰的暴力事件表示遗憾，并因此抵制女王。而来自伊利诺伊州的众议员格斯·萨维奇（Gus Savage）则是为了谴责英国解除对南非的贸易禁运[**]，当时南非尚未废除种族隔离制度。本次美国之行也是一个让君主更好地了解布什家族的机会，尤其是乔治·沃克·布什（George W. Bush，也称小布什），当时没有人认为他会成为未来的总统。记者哈德曼讲述了一个发生在小布什和女王之间的逸事。之前，有人跟女王介绍说小布什就像一枚自由电子，于是女王问小布什是不是家里的"害群之马"。小布什点点头，女王安慰他道："没事，所有的家庭里都有这样一匹'害群之马'。"[45]

---

[*] 即约翰·肯尼迪，美国第35任总统，于1963年遇刺身亡。
[**] 贸易禁运，通常指一国、数国联合或国际组织禁止对某国输出或从某国输入某种或全部商品。在南非种族隔离制度结束前的几十年，联合国和国际社会一直十分关注种族隔离这一问题，并出台了多项针对南非的贸易禁运决议，旨在对南非的种族主义政府施压。

多事之秋
ANNUS HORRIBILIS

1992 年 11 月 24 日 伦敦

"将来我追忆往昔,在回想起这一年的时候并不会面带笑容。" 1992 年 11 月 24 日,伊丽莎白向聚集在伦敦市政厅的 500 位宾客发表讲话,以纪念她登基 40 周年。气氛看起来糟透了。女王佩戴着一顶丝绸镶边的布列塔尼帽,这是福克斯用绿色天鹅绒制成的,色调灰暗,看起来像是在哀悼什么。4 天前,一场持续 4 小时的大火席卷了温莎城堡。翌日,伊丽莎白二世去现场查看了受灾情况。据估计,财产损失高达 6000 万英镑!

尽管火灾看上去很可怕,但这远非女王最关心的事情,至少不是唯一让她揪心的事。对王室来说,1992 年是丑闻频发的一年,对王室的形象造成了持久性的伤害。1 月,约克公爵夫人被拍到与一位得克萨斯百万富翁举止亲密,这件事被《巴黎竞赛画报》(Paris Match)爆料。3 月 19 日,莎拉·弗格森(Sarah Ferguson,即约克公爵夫人)和安德鲁王子*分居。一个月后,也就是 4 月 23 日,饱受多年绯闻和爆

---

* 1986 年,安德鲁王子被封为约克公爵。

料困扰的安妮公主和马克·菲利普斯（Mark Phillips）也终于宣布离婚。到了夏天，当安德鲁和莎拉似乎破镜重圆时，小报的头条纷纷刊登出新的丑闻照片——其中一张，公爵夫人玉体横陈，她的"财务顾问"正在吮吸她的脚趾！不幸的是，当这个新的重磅炸弹被引爆时，莎拉正在巴尔莫勒尔堡和王室一家在一起，她被要求腾出房间并马上离开。但最吸引眼球的绯闻无疑来自查尔斯和戴安娜这对明星夫妇。1992年6月7日，记者安德鲁·莫顿（Andrew Morton）的爆炸性传记《戴安娜的真实故事》（*Diana, Her True Story*）出版了。英国人惊讶地发现戴安娜王妃曾试图结束自己的生命，而且患有暴食症。人们还发现，查尔斯王子还与他的前女友卡米拉·帕克·鲍尔斯（Camilla Parker Bowles）藕断丝连。书籍大卖。"一片混乱。这件事是自（爱德华八世）退位以来王室遭遇的最大打击。"[46]该书的作者回忆道。这还不是最糟心的。11月，查尔斯和卡米拉在1989年被偷录的一次通话被曝光了。这件新的丑闻被命名为"卡米拉门"，并成为各类小报在数周内的谈资。直到1993年1月，当完整的通话记录被公开之后，这一风波才逐渐平息。

"毫无疑问，当个人和机构属于公共生活的一部分时*，对其的批评是有好处的，"受伤的伊丽莎白二世在伦敦市政厅的演讲中承认，"我想知道未来的人们是如何评价这动荡的一年中发生的各类事件的。我希望历史给出的答案比现在一些评论家的观点温和一些。众所周知，时间可以抚平一切，哪怕是现在看起来最糟心的事情。对过去的回顾总是能起到难以估量的作用。"

---

* 君主立宪制度下的君主（即女王）和王室是公共生活的一部分，并不是自由的，要受到议会的制约和民众的监督。

杰 作
LE BEL OUVRAGE

1994 年 5 月 6 日 英吉利海峡隧道

"陛下，现在我们两国之间有陆地边界了。"弗朗索瓦·密特朗（Fran'ois Mitterrand）对伊丽莎白二世所说的俏皮话一语中的——通过英吉利海峡隧道，英法两国之间的距离又拉近了不少。一个持续了两个世纪的古老梦想终于实现。这是一个宏伟的技术壮举，一共动员了 4000 名法国工人和 7000 名英国工人。甫一完工，这一项目就被美国土木工程师协会认定为当代世界七大工程奇迹之一，与帝国大厦、巴拿马运河和金门大桥并列。两国元首将同时参加这一项目的揭幕仪式。这一历史性时刻早已周到地安排好了，连节目单都像乐谱一样规范。上午 9 时 52 分，从伦敦出发的首辆欧洲之星列车驶离了滑铁卢站。司机奈杰尔·布朗（Nigel Brown）是当天的明星，他负责将首航列车上 650 名乘客安全送达目的地，其中就包括两个他敬爱的女人——女王，以及他自己的母亲安妮·布朗（Anne Brown）！

列车在抵达福克斯通隧道入口处晚了几分钟，这是因为司机不得不减速，以免在从里尔欧洲站出发的法国代表团之前到达。两列欧洲之星高速列车在法国一侧的科凯勒小镇相遇。在一片细雨中，伊丽莎白二世与密特朗会合了，后者无疑是她最青睐

的法国总统。在这一盛大的场合,女王佩戴着一顶紫红色天鹅绒质地的药盒帽,帽子后面饰有由奥雷根设计的巨大蝴蝶结。根据设计师的说法,这既是一顶帽子,又是一尊雕塑。27年后,她回忆道:"想要设计一顶帽子,首先要成为一名雕塑家。我年轻的时候一直想去艺术学校学习雕塑,并把它当成我的职业。"[47] 设计师也凭借这种有雕塑质感的药盒帽声名鹊起。奥雷根以相同技艺设计了另一款被载入年鉴[48]的波尔卡圆点帽,女王在1993年访问匈牙利期间正是佩戴的这顶帽子。

1994年5月6日下午1点,女王和法国总统象征性地剪下了用加来蕾丝制成的三色丝带。随后,两国元首先后用法语发表了演讲。伊丽莎白二世说:"这是历史上英法两国元首首次不用通过乘船或乘飞机的方式就能实现的会晤。"当然,密特朗此时还没有越过海峡。于是,接下来就轮到他乘上女王的劳斯莱斯(这辆豪车被安置在欧洲之星列车上)前往英国。总统和君主并排坐在后座,一同驶向福克斯通。

"这可是一辆英国车!"翌日,报纸纷纷打趣道。尽管现在有了直达的穿梭列车,英国人还是不想失去骨子里的孤岛情结。有一位英国记者觉得还是有必要澄清一下:"虽然英国确实为隧道的启动仪式提供了劳斯莱斯,但是法国提供了午餐——一顿丰盛的鳎鱼和鸭肉大餐。"[49]

世界为戴安娜哭泣
LE MONDE PLEURE DIANA

1997 年 9 月 5 日 伦敦

王室仍停留在巴尔莫勒尔堡。戴安娜去世 4 天后,当整个英伦三岛都在为"人民的王妃"哀悼时,温莎家族的沉默显得不合时宜。更糟糕的是,他们似乎还不准备返回伦敦。"我们的女王在哪儿?"《太阳报》(The Sun)不解地问道。《镜报》(The Mirror)则更直接:"您的人民正处在痛苦之中,请对我们说话,陛下。"由于没有做出反应,王室受到了最恶毒的诘责。麻木不仁、冷血,甚至还有比这更严厉的责备……面对着层出不穷的指责,1997 年 9 月 4 日,白金汉宫终于决定发布新闻稿:"威尔士王妃不幸离世,举国上下悲痛不已,却有言论暗示王室对此无动于衷,这深深伤害了女王一家。王妃是一位深受国民爱戴的公众人物,同时也是一个令儿子们深切怀念的母亲。威廉王子和哈里王子希望能暂时待在巴尔莫勒尔堡这一避风港,与他们的父亲和祖父母在一起。"这篇公告很难让人信服。女王与她的臣民之间的裂痕似乎更大了。

9 月 5 日,在葬礼前夕,女王和她的家人们终于回来了。映入伊丽莎白二世和菲利普亲王眼帘的首先是白金汉宫大门前堆积如山的鲜花。女王在服丧,她身着正装,头戴福克斯制作的黑色天鹅绒质地的布列塔尼帽。菲利普亲王将民众递给他的花束献给戴安娜。女王则停下来，同这群可能对她心怀敌意的民众交流了几句。来自伦敦南部旺兹沃思区的一名男子回忆道："女王从我身边走过，她看起来很伤心。我对她说：'欢迎回家，陛下。'她看着我的眼睛，点了点头。"[50] 一位专程从格拉斯哥开车过来的女人对着女王耳语道："您今天能来看我们，一定鼓足了勇气。"[51] 这个场景深深地印在了人们的记忆中。9年后，受此启发的导演斯蒂芬·弗雷斯（Stephen Frears）将其转变为电影《女王》（The Queen）中的一个标志性场景。

当伊丽莎白和菲利普离开时，现场响起了第一声掌声。15分钟后，女王夫妇前往圣詹姆斯宫，瞻仰戴安娜王妃的遗体。签署完吊唁书后，伊丽莎白二世试图去抚慰悲伤的英国人。值得庆幸的是，人们再次为她鼓掌，民心犹在。当晚6点，女王在白金汉宫的中式客厅通过电视直播，向全国发表讲话。她戴上眼镜，摘下帽子。在她身后是一扇敞开的窗户，从中可以瞥见成千上万的人手捧鲜花聚集在宫门外。"自从上周日噩耗传出，整个英国，甚至全世界都为戴安娜的不幸离世而感到无比悲伤。这一切，我们都是见证人。大家都试图以自己的方式来应对悲伤的情绪。然而，表达悲伤并不是一件容易的事，因为在最初的震惊之后，随之而来的往往是非常复杂的情绪——有怀疑，有不解，有愤怒，甚至还有对活着的人的担忧。我们在过去的几天里都有所体会。"

一个时代的终结
LA FIN D'UNE EPOQUE

1997年12月11日 朴次茅斯

王室全体成员齐聚一堂，向"不列颠尼亚号"作最后的告别。为王室忠诚地服务了长达44年之后，皇家游艇退役了。船上所有时钟都永远地停在了下午3点01分，这是伊丽莎白二世最后一次下船的时间。女王擦了擦眼泪，她戴着一顶由奥雷根设计的帽子。这是一顶无边毡帽，略微向下垂，看起来像头巾。现年96岁的帽子设计师并没有忘记这顶有着真实雕塑质感的帽子，她回忆道："在制作出成品之前，我得先设计好形状，然后展示给女王看。接着，我们需要确定毡帽的材质。然而，因为没有找到合适的色调，最后我们决定就使用外套的面料来制作帽子。"

"不列颠尼亚号"配得上女王的精心打扮。这是第83艘皇家游艇，它一直是王室一家安宁的避风港，带着他们远离世间的烦恼和喧嚣。女王乘坐着它走遍了全球每一片大洋。她在船上有专门的卧室、前厅、办公室、书房和浴室。而菲利普亲王则有自己专门的吸烟室，他会在那里接待军官们。每天早上8点之前，船员们会默默地清洗甲板，彼此之间通过手语交流，以免打扰到旅客。水手们必须表现得无可挑剔，一直保持干净整洁，即使在热带地区也是如此。如果他们想留胡子，必须提前

"对我而言,这些不仅仅是帽子,而应当是一件件艺术品。"
—— 玛丽·奥雷根

6 个月申请，并学习如何修剪得体，以免被外界批评在君主面前不修边幅。

这艘皇家游艇的里程数即将超过 200 万千米。作为英国外交的一把利器，它是联结英女王及其治下英联邦各国之间的纽带，目前，这一超国家组织仍有 16 个成员国。皇室成员们会在"不列颠尼亚号"上度蜜月，例如玛格丽特公主和阿姆斯特朗－琼斯、安妮公主和菲利普斯、查尔斯王子和戴安娜王妃、安德鲁王子和莎拉……四次新婚和四次离婚！

1997 年，托尼·布莱尔（Tony Blair）政府决定让这艘老旧的船退役。从那之后，它一直待在爱丁堡的利斯港，享受宁静的退休时光。"不列颠尼亚号"被改造成一座名副其实的博物馆，每年接待超过 25 万名游客，他们好奇地在甲板和船舱中探索着，期待发现王室一家亲密关系的线索。还有一些怀旧的梦想家希望为王室重新打造一艘皇家游艇。唐纳德·高斯林爵士（Sir Donald Gosling）是一位富有的企业家，他甚至向王室遗赠了 5000 万英镑，用于建造第二艘"不列颠尼亚号"。很久之前，鲍里斯·约翰逊（Boris Johnson）还不是首相时，曾经有一段时间支持过这一耗资巨大且不太现实的项目。但可以肯定的是，"不列颠尼亚号"不会有继任者了。2011 年 7 月，皇家游艇最后一次被使用。这一次它作为婚礼招待会的场地，见证了安妮公主的女儿扎拉·菲利普斯（Zara Phillips）和橄榄球运动员迈克·廷德尔（Mike Tindall）的婚礼，并最后一次迎来了王室一家。

职业风险
LES RISQUES DU METIER

1998 年 9 月 21 日　吉隆坡

公务旅行很少能一帆风顺。虽然白金汉宫的工作人员已经熟练地演练过无数次了，但无论后勤工作做得多么无懈可击，总是有可能发生各种难以预料的情况。一粒小小的灰尘都有可能让机器故障。这大概就是 1998 年 9 月，负责女王着装的侍女凯利在马来西亚所担心的事情。那一年，伊丽莎白二世前往吉隆坡出席英联邦运动会的开幕式。她的侍女计划让她穿一件珊瑚色连衣裙并佩戴一顶配套的帽子。可能是准备工作有所滞后？不管怎样，女王还没来得及试戴准备好的帽子就启程了，而凯利也没有看到成品。"帽子的草图早已画完，但由于女王陛下繁忙的日程，帽子直到最后一刻才交付。"她在自己的一本书中回忆道。[54] 然而这一次，她打开包装之后却大失所望。在她看来，这顶帽子并不是最佳之选，也不适合女王。她把帽子拿给女王看，女王明显有些不耐烦："已经这么晚了，我还有其他的选择吗？我只能戴着它。"凯利并没有气馁，而是提供了一个巧妙的解决办法——由于帽子后面比前面更漂亮，女王只需将它反过来戴就可以了。时间来不及了。女王似乎还在犹豫，她表达了最后的疑虑：设计师看到难道不会受到伤害吗？"我告诉她，不必担心，等我们回到伦敦之后，我会想出一个好理由的。"

这顶不幸的帽子正是奥雷根的作品。她是否接受了女王侍女的解释？当人们向她提及这件事时，现年96岁的奥雷根还是无法掩饰自己的情绪。这一失误会影响到她和白金汉宫的合作吗？并没有。她继续为女王工作，甚至在2005年她的职业生涯结束时还获得了皇家认证，成为女王陛下的官方时装设计师。然而，一旦离开皇宫，设计师们很快就被遗忘了……奥雷根没有受邀参加由白金汉宫主办的2016年大型回顾展览"君王时尚：女王衣橱90年风格变迁"（"Fashioning a Reign: 90 Years of Style from The Queen's Wardrobe"）。这次展览还展出了她的一些作品，但她却不得不像其他人一样买门票入场。

凯利则将继续她职业生涯的跃升。短短20年间，这个一开始不为人知、出身低微的利物浦姑娘打破了既定规则，成功地在宫廷中拥有了一席之地。现在，她是女王的私人助理兼珠宝保管人，同时也是一位策展人。她掌管着女王的衣橱，并对它进行了改造和升级。当然，帽子仍在其中占有重要的地位。2018年2月20日，她获得了终极认可。在镁光灯下，她与女王以及安娜·温图尔一同参加了伦敦时装周的走秀活动。在这一盛典上，女王颁发了一个全新的奖项——伊丽莎白二世英国设计大奖，形似玫瑰的奖杯正是由凯利亲自设计的。

"我从来没有对某一顶帽子感到完全满意,总认为可以做得更好。"
—— 玛丽·奥雷根

来自挪威的亲吻
BONS BAISERS DE NORVÈGE

2001 年 5 月 30 日 奥斯陆

自 20 世纪初以来,挪威王室和英国王室之间一直保持着密切的联系。1905 年,在经历了 5 个世纪的丹麦和瑞典的相继统治之后,挪威获得了独立。摆脱了贝尔纳多特王朝之后,挪威人选择了丹麦的卡尔王子(Princess Carl)作为他们的新国王,即后来的哈康七世(Haakon VII)。然而,哈康七世的妻子——英国国王乔治五世的妹妹莫德公主(Princess Maud)极其失望,因为她将被迫定居在奥斯陆。这位挪威新王后一有机会就返回英国,住在位于桑德灵厄姆庄园的阿普尔顿府上。她的独子亚历山大在那里出生,并在两岁时更名为奥拉夫。两大王室之间的纽带永远不会断绝。

伊丽莎白二世喜欢她的挪威表亲们。只要她在伦敦,就不会错过任何一次跟他们见面的机会。另外,她本人还在 1955 年和 1981 年对挪威进行了两次国事访问,然后在 2001 年的春天接受了第三次访问的邀请。2001 年 5 月 30 日,她和菲利普亲王喜笑颜开地同哈拉尔五世(Harald V)重逢,哈拉尔五世在英国王位继承顺位上排名第 80 位。挪威国王及宋雅王后在奥斯陆机场迎接远道而来的贵宾。为了这次会面，伊丽莎白二世的帽子设计师福克斯重新诠释了钟形帽，并借此实现了自我超越。这顶无法被定义的帽子让人联想起这位设计师职业生涯的起点，以及他在1968年为斯坦利·库布里克（Stanley Kubrick）的电影《2001太空漫游》（*2001：A Space Odyssey*）专门设计的一款帽子。

借这次访问的东风，女王和菲利普亲王也有机会见见哈康王储的未婚妻梅特－玛丽特·特赛姆·霍伊比（Mette-Marit Tjessem Hiby）。梅特和前男友生过一个男孩，虽然挪威人不拘小节——宋雅王后就是第一位平民王妃，但是梅特－玛丽特的过去还是让民众颇有微词。至于伊丽莎白二世，她有四个孩子，并且其中三个都离过婚，所以她选择用一种慈祥的目光注视着这对即将于八月成婚的新人，毕竟他们之间的感情看上去就是纯粹的爱情。更何况，女王之母，伊丽莎白王太后，也曾几乎沦陷在斯堪的纳维亚的魅力下……1952年，女王的父亲乔治六世离世。1954年，奥拉夫王太子失去了他的妻子王太子妃玛塔。51岁即丧偶的奥拉夫王太子开始亲近伊丽莎白二世的母亲，女王之母在伦敦时住在克拉伦斯府，维京人*则是这座府邸的常客。他也经常去女王之母在温莎的皇家庄园做客……王太后是否认真考虑过嫁给在1957年成为挪威国王的奥拉夫王太子呢？这不太可能。不管怎样，他们一直是很好的朋友。

2001年的国事访问后一年，女帽设计师福克斯光荣退休，结束了他对王室35年的忠诚服务。在此期间，他为女王制作了将近350顶帽子。同样身为设计师的记者伊薇特·杰尔夫斯（Yvette Jelfs）去他的工作室采访他时，在众多展品中认出了女王抵达奥斯陆时所佩戴的那顶奇特的帽子。福克斯翻了个白眼，说道："这个创意很快就被大家复制了。"然而，众多的复制品却无一能企及原作。

---

* 指奥拉夫王太子。

卫兵已完成交接
LA RELÈVE EST ASSURÉE

2006 年 6 月 12 日　伦敦

女王为她的掷弹兵卫队准备了很多蝴蝶。她的衣服上绣着蝴蝶，她的帽子上也装饰着蝴蝶。萨默维尔的助手、后来成为他的艺术总监的狄龙·沃尔沃克（Dillon Wallwork）采用织物制作了这些蝴蝶，并将它们染成绿色，配上闪闪发光的饰物，还有剪成触角形状的羽毛。这些蝴蝶绕着帽子飞舞。设计师还在帽子上别了一个象征着燃烧手榴弹的钻石胸针，这正是卫队士兵们戴在制服领子上的军团徽章。一件杰出的艺术品！这正是女王参加庆祝其掷弹兵卫队成立 350 周年仪式所需的帽子。掷弹兵卫队是组成女王御林军卫兵师的五个步兵团之一，其余四个分别是冷溪卫队、苏格兰卫队、爱尔兰卫队和威尔士卫队。而女王则是这几个卫队的名誉指挥官。

对游客来说，卫兵换岗是一个像伦敦塔和双层巴士一样不容错过的看点。但事实上，这些卫队都是英国陆军的精锐部队，当最敏感的战区发生冲突时，他们往往是最先被部署的军队之一。掷弹兵卫队在滑铁卢击败了法国人，并因此声名鹊起，而且获

得了戴熊皮帽的荣誉。他们还参加了克里米亚战争*、两次世界大战，以及最近几年英军在阿富汗的军事行动。威尔士卫队成立于1915年，他们经历了第一次世界大战的战壕生活，也参与了在波斯尼亚和黑塞哥维那（简称波黑）的维和行动。苏格兰卫队则在1982年的马岛战争中发挥了至关重要的作用，在2004年至2008年间还被部署到伊拉克。冷溪卫队是专门从事侦察行动的部队，他们参加了海湾战争。随着时间的推移，精英士兵的来源越来越多样化。2007年，弗拉林·阿德耶米·奥拉托昆博·奥卢米亚·库库（Folarin Adeyemi Olatokunbo Olugbemiga Kuku）少尉成为掷弹兵卫队的第一位有色人种军官。他来自尼日利亚，是威廉王子在桑赫斯特皇家军事学院的同学，表现十分优异。"在掷弹兵之中，我的肤色无关紧要，大家都尊重我的军衔。"[53]他如此说道，并毫不掩饰有朝一日成为将军的野心。

十年后，也就是2017年，女王卫队迎来了第一位女性指挥官。在加拿大建国150周年之际，年仅24岁的梅根·库托（Megan Couto）上尉担任了帕特丽夏公主麾下轻步兵团第二营的指挥官。这个加拿大军团是被专门邀请到伦敦来的，而伊丽莎白二世同样是加拿大女王。这说明，女王陛下的军队中也掀起了一场女性化的风潮。2019年，包括步兵在内的所有军队都向女性开放。英国国防部目前正在设计未来女兵们的制服，她们将在白金汉宫前执勤，也将参加为女王而举办的军旗敬礼分列式。

---

* 克里米亚战争（1853—1856），是俄国与英、法两国为争夺在奥斯曼帝国的权利而进行的战争，战场在黑海沿岸的克里米亚半岛。

游园会
GARDEN-PARTY

2006 年 7 月 11 日　伦敦

对于王室来说，游园会已经成为一种制度了。第一场游园会出现在 19 世纪 60 年代维多利亚女王统治期间，在很长一段时间内一直是上流社会的特权。到 20 世纪 50 年代，游园会还是英国贵族家庭的年轻女孩们进入宫廷和踏入世俗社会的首秀。要等到 20 世纪 60 年代，宫门才慢慢地向其他的社会阶层开放。今天，根据白金汉宫的官方解释，游园会是女王结识"来自各行各业的广大民众的机会"，而且受邀者"都对自己所在的社区产生了积极的影响"。每年夏天，伊丽莎白二世一共会参加四次游园会，其中三次在白金汉宫，一次在爱丁堡的荷里路德宫。在每年举办的四场游园会中，会有超过 3 万人有幸同女王和其他王室成员近距离接触。着装的要求很简单：女士必须穿连衣裙，佩戴女士小帽或其他帽子；男士必须穿西装打领带；士兵们则须身穿制服。2006 年 7 月 11 日，伊丽莎白二世选择了设计师卡尔-路德维希·雷泽（Karl-Ludwig Rehse）制作的绿色丝绸连衣裙和一件外套，还佩戴了一顶由萨默维尔设计的帽子。

游园会总是在下午 4 点准时开始，这是女王入场的时间，而客人们早在下午 3 点就

"我应该是唯一一个要一直戴帽子的人。"
—— 伊丽莎白二世对萨默维尔说

已经抵达现场。接着,军乐队开始演奏英国国歌。女王会沿着一条特定的路线行进,但如果她的丈夫或儿孙也参加游园会的话,路线会更灵活,以便让客人们有更多机会能看到他们,毕竟受邀者有近8000名!但是,客人们并不能无所顾忌地要求同女王合影,会有专门的法警(通常是临时抽调的已退役的军官)负责将特定的客人引见给女王。他们会谨慎地选择来自不同背景的受邀者,并在纸片上大概写下基本信息,以便按合适的方式介绍被选中的幸运儿。接着,手持这些珍贵小纸片的宫务大臣则负责具体的介绍。这场"社交马拉松"偶尔会伴随着小雨,结束的时候,女王会抵达一座在王宫草坪上临时搭建的亭子,并同其他参加游园会的王室成员们会合。下午6点,王室成员集体退场,客人们也被礼貌地请出会场。

每年夏天,在这四场游园会中,总共会消耗4万个三明治和4万个蛋糕。虽然没有香槟,但茶水自取,客人们一共会喝掉2.7万多杯。有时,为了庆祝在位期间的某些重大事件,女王也会组织一些特殊的游园会。例如,在1997年她与菲利普亲王结婚50周年之际,伊丽莎白二世邀请了和他们一样庆祝金婚的夫妇们参加游园会。而2006年,也就是女王80岁生日的那一年,白金汉宫专门为孩子们举办了一场游园会。当天邀请了很多著名嘉宾,包括畅销书作家J.K.罗琳(J.K. Rowling)、小熊维尼和诺迪*。

---

* 即Oui-Oui,他是英国儿童文学作家伊妮德·布莱顿(Enid Blyton)创作的一个虚构人物,形象是一个小男孩。

康沃尔公爵夫人
LA DUCHESSE DE CORNOUAILLES

2006 年 9 月 2 日 布雷马

"他们克服了重重险阻，经历了严酷的考验。我为他们感到骄傲，并衷心祝愿他们幸福。我的儿子已经走出困境，和他所爱的女人并肩站在一起。欢迎来到胜利者的行列。"[54] 伊丽莎白二世并没有参加 2005 年 4 月 9 日查尔斯和卡米拉的民事婚礼*，也没有参加在温莎城堡的圣乔治教堂举行的祝福礼。但女王在一个赛马会后的宴会上为新婚夫妇举杯敬酒，道出了她在长达 12 年的丑闻结束之后的解脱。卡米拉·尚德（Camilla Shand），或叫前帕克·鲍尔斯夫人，终于以康沃尔公爵夫人的头衔加入了王室一家。但作为查尔斯王子的妻子，她并没有获得威尔士王妃的头衔。[55]

除了丑闻结束之后的和平，卡米拉还给英国君主制带来了什么呢？"卡米拉是一个纯粹的人，她听从本能行事。如果她不是某个角色，她就不会假装是。她清楚地知

---

* 英国公众视卡米拉为戴安娜王妃与查尔斯王子婚姻的破坏者，面对舆论压力，王室谨慎地同卡米拉保持官方距离。在这场简单的民事婚礼之后，卡米拉被称为"康沃尔公爵夫人殿下"。

道自己的年龄,并坦然接受这一事实。"[56] 卡米拉的传记作者潘妮·朱诺(Penny Junor)讲述道。朱诺坚持认为:"公爵夫人和女王相处得很好。"[57] 结婚一年后,在苏格兰的布雷马,查尔斯和卡米拉与伊丽莎白二世和菲利普亲王一道参加了布雷马高地运动会。自维多利亚女王以来,王室从未错过这项赛事,它的主要项目是掷棒和拔河。头戴着福克斯设计的冠羽帽的女王放声大笑,她的儿子和儿媳也同她一起开怀大笑。这一幸福温馨的家庭形象与戴安娜在她那个时代描述的冰冷的王室氛围形成了鲜明的对比。卡米拉似乎让查尔斯悠然自得起来,他们喜欢待在伯克霍尔庄园,这是威尔士亲王2002年从去世的伊丽莎白王太后手中继承的,而这座宅邸距离巴尔莫勒尔堡只有12千米。鉴于女王和菲利普亲王每个夏天都会在巴尔莫勒尔堡度过,这段短短的距离无疑有助于建立更紧密的家庭纽带。

但戴安娜的影子从未消失。2007年,为纪念母亲逝世十周年,威廉王子和哈里王子在温布利球场举办了一场大型音乐会,并为慈善事业筹集了100万英镑。他们还计划举办一场弥撒,并邀请了包括卡米拉在内的所有王室成员参加。卡米拉思索再三,还是决定不去,并在新闻稿中解释道:"威廉王子和哈里王子能邀请我参加纪念他们的母亲威尔士王妃戴安娜的赐福仪式,我十分感动。我本已接受邀请,准备到现场支持他们。但经过深思熟虑,我还是担心我的出席会分散公众的注意力,这次活动旨在弘扬戴安娜的奉献精神,关注王妃本人的生活。"卡米拉是否有朝一日会成为王后呢?一切还尘埃未定。她和查尔斯结婚时,为了平息大众的猜测,白金汉宫宣布康沃尔公爵夫人将在她丈夫即位时获得"伴妃殿下"的称号。从此之后,似乎一切都风平浪静……虽然说卡米拉自己表示不想当王后,但决定权不在她的手上。这取决于未来的国王,只有他才能在适当的时候作出最终的决定。

头戴低帽的卡拉
CHAPEAU BAS, CARLA

2008 年 3 月 26 日 温莎

她做到了！2008 年 3 月 26 日下午 1 点 02 分，刚成为法国第一夫人不到八周的卡拉·布吕尼 - 萨科齐（Carla Bruni-Sarkozy）会见了女王，并在其丈夫和众多观看现场直播的法国人钦佩的目光下行了一个完美的屈膝礼。虽然国家元首的夫人不受这一礼节的约束，但很少有人会不行此礼，特别是上一任总统夫人贝尔纳黛特·希拉克，那优雅的屈膝礼至今仍让人记忆犹新……结果不负众望，当天早上还在刊登卡拉模特生涯中的裸体照片的小报们，第二天纷纷对她表示赞扬。

在英国，国事访问有一整套臻于完美的流程。为了给客人们准备一场盛大的招待活动，女王会关心每一个小细节。在白金汉宫或温莎城堡举办的国宴是必不可少的。这一次，女王将在温莎城堡招待法兰西共和国总统以及他的妻子。在维多利亚女王的统治期间，她也在那里款待了法国国王路易 - 菲利普一世（Louis-Philippe Ier）。在宽敞的圣乔治厅内，宫廷的工作人员搬出了一张 1846 年的红木桌，花了两天时间才将它组装好。这张桌子长 53 米，可容纳 160 位宾客同时就餐。在国宴当晚，一共有 158 名尊贵的来宾共同庆祝法国和英国之间的友谊。国宴的菜单上有：菱鲆鱼排、搭配鲜蔬的榛子羊肉、大黄派和香草冰激凌……餐酒则是 2000 年的沙萨尼蒙特拉谢红酒和 1961 年玛歌酒庄出品的佳酿。按照传统，御厨会提前几个月设计出菜单，并由伊丽莎白女王最终确定。这一菜单一般由四道菜组成，而在维多利亚女王和爱德华七世统治时期则通常有十四道菜。菜单使用的是莫里哀的语言*，因为法国美食一直是英国国宴的一个参考。女王的祖父乔治五世曾经雇佣了一名法国厨师，名叫亨利·塞达（Henri Cédard），他在 1910 年到 1935 年间一直负责管理英国王室的御膳房。他手底下有 80 个人，不断设计着新的菜谱。要知道乔治五世特别喜欢吃鳕鱼和小牛舌！显然，这是一项艰巨的任务。至于小莉莉贝特，也就是未来的伊丽莎白二世，这位法国厨师专门为她制作了不可思议的炸弹形状的冰激凌生日蛋糕。当然，女王并不是一个非常爱吃甜食的人，比起一盘糕点，她更喜欢吃爱尔兰炖肉——一道爱尔兰风味的羊胸肉炖菜。

这次国事访问结束后一年，英国人早已忘记女王在迎接法国总统和第一夫人时所戴的帽子，这顶羽毛帽是负责女王着装的侍女凯利大胆的设计。而法国第一夫人卡拉佩戴的一顶由迪奥出品的杰奎琳·肯尼迪（Jacqueline Kennedy）风格的药盒帽却仍让人念念不忘。这顶帽子为她赢得了卢顿（位于英国贝德福德郡，自 19 世纪以来便以制作帽饰而闻名）的帽商们颁发的"年度最佳帽饰"的荣誉，伊丽莎白二世则不得不屈居第二名。

---

* 即法语。

重回酋长国
RETOUR AUX EMIRATS

2010 年 11 月 24 日 阿布扎比

谢赫扎耶德大清真寺是世界上最大的清真寺之一,它有 82 座圆顶、4 座高达 106 米的尖塔,以及 4000 根柱子,让人目眩神迷……2010 年 11 月 24 日,伊丽莎白二世和菲利普亲王以及他们的儿子安德鲁王子一起来到了这座宏伟的清真寺。他们三人一下飞机就被东道主带到了那里,开始了为期五天的阿拉伯联合酋长国(以下简称"阿联酋")之旅。女王的第一项正式活动是瞻仰阿联酋的开国总统扎耶德·本·苏尔坦·阿勒纳哈扬(Zayed bin Sulian al Nahyan)的陵墓。这位总统曾在女王 1979 年首次来访时招待了她。当时,在结束对阿联酋的访问之后,女王即乘坐协和式飞机降落在科威特,然后乘坐"不列颠尼亚号"皇家游艇继续她的旅程。那是另一个时代的往事。

在进入清真寺之前,女王首先需要脱鞋。东道主给她准备了屏风,以阻隔别人的视线并保证她的舒适。她随后穿上了一件遮住腿的长外套。这件衣服是由陪同她出访的凯利设计的。她还佩戴了一顶白色的药盒帽,而她的侍女还在帽子上面盖上了一条金色丝巾。女王穿戴整齐,从屏风后走出来,重新加入了东道主的行列。"作为

英国国教的领袖，女王陛下访问谢赫扎耶德大清真寺，是阿联酋和英国多信仰之间的对话和宽容的最好象征。" 英国驻阿联酋大使如是说。

作为虔诚的信徒，女王一直对各类宗教场所很感兴趣。自1961年访问巴基斯坦时在拉合尔参观了巴德夏希清真寺之后，女王就特别关注她所途经的国家的清真寺。然而，直到2002年，女王才第一次参观位于英国的清真寺……而根据一些系谱学家的说法，伊丽莎白二世是先知穆罕默德的后裔！虽然听上去异想天开，但这一血缘关系可以追溯到一位11世纪的穆斯林公主。这位公主名叫扎伊达（Zaida），出生于塞维利亚，后来皈依了天主教，并与卡斯蒂利亚国王阿方索六世成婚。

在结束阿布扎比的行程之后，女王启程前往阿曼苏丹国。这是她第二次到访这个国家。三十年间，这里的景色发生了翻天覆地的变化。1979年，阿曼苏丹国只有3所学校和15千米的柏油路。该国苏丹卡布斯·本·赛义德·阿勒赛义德（Qabous ibn Said al-Said）是英国的老朋友。虽然他的国家是为数不多的缺少石油的阿拉伯君主国之一，但他成功地推动了阿曼的现代化进程。从地缘政治的意义考虑，与也门共和国接壤的阿曼苏丹国能否保持政治稳定至关重要。卡布斯是一位杰出的外交家，在全世界都广受赞誉。他八面玲珑，能同时在以色列、美国和伊朗等国之间周旋。女王毫不掩饰跟这位伟大的智者重逢的喜悦，并高兴地在摄影师面前开着玩笑。作为友谊的象征，卡布斯向女王赠送了一个黄金花瓶和一个法贝热彩蛋。伊丽莎白女王也没有空手而来，她为这位钟表爱好者准备了1776年出版的钟表专著珍本，署名是亚历山大·卡明斯（Alexander Cummings），这位钟表匠拥有抽水马桶的设计专利，并将其留给了后世。

赌博开始了
LES PARIS SONT OUVERTS

2011 年 4 月 29 日 伦敦

2011 年 4 月。英国人投身到他们最喜欢的消遣活动中——博彩。在英国,不仅仅是赛马或体育赛事,几乎一切都可以拿来赌。王室的生活往往就是大型博彩的对象之一。威廉王子和凯瑟琳·米德尔顿(Catherine Middleton,昵称为凯特)的婚礼即将举行。而一场王室婚礼不就是博彩公司的天赐之福吗?凯特会准时到达威斯敏斯特教堂吗?她会决定逃婚并把威廉晾在婚礼现场吗?幸运的是,这一赌局的赔率是 66 比 1,并没有多少人相信这一预测……

最受欢迎的赌局当属猜女王帽子的颜色。4 月 8 日,即婚礼前三周,还是蓝色占主导地位,赔率为 3 比 1,其次是紫色和粉红色,最后是奶白色。然而大家都输了!当白金汉宫的大门打开时,人们通过皇家宾利的车窗看到了戴着黄色帽子的女王,正驶向教堂。凯利和迈凯伦设计了一顶色调明亮的划船帽,上面装饰着两朵真丝绉纱材质的玫瑰和四片天鹅绒材质的叶子。如果天空仍然多云,女王看上去就像是在发光。

这场记者们所说的世纪婚礼确实让王室一家感到欣喜。"等待的凯特"已经通过了所有的考验。而她绰号的由来，正是因为她有着足够的耐心，在威廉王子最终决定向她求婚之前，她已经等待了长达九年。戴安娜出身贵族，而她则出身平民。虽然如此，她仍成长于一个富足的家庭，她的父母在派对用品生意上发了大财。米德尔顿夫妇非常有先见之明地将他们的长女送到苏格兰的圣安德鲁斯大学学习，这也是威廉王子的母校。他们按照上流贵族的方式培养女儿。凯特的妈妈卡罗尔·米德尔顿（Carole Middleton）虽然只是矿工的孙女、卡车司机的女儿，却酷爱赛马，并且像女王一样喜欢去雅士谷马场……这样一个白手起家的女人，和她的女儿一样，赢得了伊丽莎白二世的尊重。这真是一次令人难以想象的阶级跃升。

2011年4月29日，在1900位宾客的见证下，凯瑟琳·伊丽莎白·米德尔顿（Catherine Elizabeth Middleton）穿着莎拉·伯顿（Sarah Burton）替亚历山大·麦昆设计的婚纱，对她的王子说"我愿意"。这个年轻的女孩戴着一顶1936年的卡地亚王冠，是女王陛下借给她的。作为结婚礼物，新婚夫妇获得了剑桥公爵和公爵夫人、斯特拉森伯爵和伯爵夫人，以及卡里克弗格斯男爵和男爵夫人的头衔。凯特和威廉乘坐着兰道车离开了威斯敏斯特大教堂，而当年查尔斯和戴安娜离开圣保罗大教堂时乘坐的也是这辆车。此外，凯特还收到了一枚订婚戒指，它曾属于戴安娜王妃，上面镶着一颗重达12克拉的锡兰蓝宝石。她还延续了威尔士亲王和王妃在1981年发起的仪式，在白金汉宫的阳台上和威廉王子优雅地亲吻。让现场观众十分满意的是，这对新婚夫妇甚至交换了两个吻。

女王的帽子：伊丽莎白二世的传奇人生

失而复得的和平
LA PAIX RETROUVÉE

2011 年 5 月 17 日 都柏林

"女王的一小步,爱尔兰和英国历史上的一大步。"英国广播公司驻都柏林记者马克·辛普森(Mark Simpson)总结道。这是伊丽莎白女王有生以来第一次踏上爱尔兰共和国的土地。不出所料,女王身穿绿色的衣服,戴着绿色的帽子,尽管这是一种宝石绿,而不是祖母绿*。她的外套是由女装设计师斯图尔特·帕尔文(Stewart Parvin)设计的,而帽子则由设计师蕾切尔·特雷弗-摩根负责。整套设计充满了对爱尔兰人民的敬意,甚至像是一场爱的表白。持续多年的暴力和此起彼伏的血腥事件给两国人民留下了深刻的记忆,例如 1972 年的"血腥星期日事件"**,以及 1979 年 8 月,爱尔兰共和军暗杀了女王亲爱的迪基舅舅——蒙巴顿伯爵。终于,爱尔兰和英国重归和平。

---

*　祖母绿是爱尔兰岛的代表颜色。

**　1972 年 1 月 30 日,在北爱尔兰伦敦德里市的博格赛德,英国伞兵向手无寸铁的游行民众开枪,造成 14 人死亡、13 人受伤。直到 2010 年,英国政府才向死难者致歉。

1911年7月8日，伊丽莎白二世的祖父母乔治五世国王和玛丽王后访问了都柏林，而此时乔治五世刚加冕两周。自此之后的一个世纪内，再没有任何一位英国君主造访过都柏林。虽然爱尔兰岛自15世纪以来一直受英国王室的管辖，但反抗不断，叛乱频仍，当地人民渴望能够自治。在这样的背景下，一个主张爱尔兰独立的政党（新芬党）于1905年成立。因此，根据当时《科克观察报》（The Cork Examiner）的报道，"英国国王"的到来并不会吸引多少爱尔兰人的注意。而报纸对王室夫妇和他们的长子威尔士亲王（即后来的爱德华八世）和玛丽公主受到的招待仅仅评价为"非常亲切"。尽管如此，乔治五世仍不遗余力地向爱尔兰人民展示一个值得托付的王室形象，并竭力维护一个即将崩溃的帝国的统一。当时的天气十分炎热，仿佛来到了热带，气温达到了43摄氏度。国王身着海军上将的制服，王后则穿戴着绿松石缎面的连衣裙和饰有鸵鸟羽毛的白色无边帽，用力地向人群挥手致意。地方当局甚至担心会发生意外……

作为失而复得的和平的象征，伊丽莎白二世的访问获得了爱尔兰海两岸新闻界的热情赞誉。当然，这样一场旅行也有很多反对的声音，并且存在巨大的安全隐患，因此双方安保都严阵以待。但是，英国女王成功地通过各种友好姿态和表示打消了大多数人的敌意。在都柏林市中心为"所有为爱尔兰自由事业献出生命的斗士们"设立的纪念花园，女王向他们低头致意。在国宴上，她用盖尔语开始她的致辞，让听众们惊叹不已，爱尔兰共和国的总统玛丽·麦卡利斯（Mary Mcaleese）更是目瞪口呆。当然，女王还是通过英语体面而委婉地表达了王室的歉意，她略带遗憾地谈及"那些我们希望自己能用另外一种方式去完成的事，以及那些我们希望自己从未做过的事。"

亲爱的奥巴马夫妇
TRÈS CHERS OBAMA

2011 年 5 月 24 日 伦敦

在与英国王室打过交道的一长串美国总统的名单中，巴拉克·奥巴马（Barack Obama）和他的妻子米歇尔·奥巴马（Michelle Obama）无疑有着特殊的地位。奥巴马夫妇和女王夫妇在第一次会面时便一拍即合。如果不是为了避免惹恼特朗普政府、向世界发送错误的政治信号，哈里王子和梅根·马克尔（Meghan Markle）就会邀请奥巴马和米歇尔参加他们在 2018 年 5 月 19 日举办的婚礼。

2009 年 4 月，在 G20 峰会的间隙中，奥巴马夫妇第一次到访白金汉宫。米歇尔在她的自传《成为》（Becoming）中，记录了她在担任第一夫人期间的一些回忆。她讲述了她与奥巴马同伊丽莎白二世和菲利普亲王之间的第一次相遇。"女王亲切地问我们是不是还在倒时差，并邀请我们坐下……她直视着我的眼睛，满怀关心地向我提问。她很热情，也很亲切，我也尽量表现得讨人喜欢。"然而，就在几个小时后，在 G20 领导人出席的招待会上，第一夫人将犯下她的第一个失误。与女王交谈时，她以一种典型的美国式自来熟走到女王面前，并把自己的手放在女王背上。虽然女王也做出了类似的动作，但错误已经造成了：没有人可以触碰女王陛下。"我的动作只是真情流露，我不相信女王没有被触动。"米歇尔事后回应道。

2011年5月底，奥巴马夫妇再次来到伦敦，对英国进行了为期两天的国事访问。期间，美国总统应邀在威斯敏斯特中央大厅向英国议会发表演讲。白金汉宫再次接待了这对夫妇。为此，威尔士亲王和康沃尔公爵夫人特地从克拉伦斯府赶到王宫。伊丽莎白二世和奥巴马共同检阅了苏格兰卫队第一营。当时，有一阵风拂过第一夫人的衣襟，掀起她的裙摆，而女王则需要用手扶住帽子。美国哥伦比亚广播公司问道："米歇尔·奥巴马怎么没有戴帽子？"但当天晚上犯错的却是美国总统。在为欢迎他而举办的传统国宴上，奥巴马在管弦乐队已经奏响英国国歌时举杯祝酒，而此时宾客们已经起立，他们都惊呆了。当《天佑女王》（God Save the Queen）的最后几个音符响起时，伊丽莎白二世巧妙而若无其事地举起酒杯，才终于将美国总统从尴尬中解救了出来。

当晚，奥巴马告诉他的顾问本·罗得斯（Ben Rhodes）："我真的很敬重女王，她就像我的祖母，有理有节，总是直截了当地说出自己的想法。而且她忍受不了蠢人。"[58] 罗得斯反驳说，大英帝国长期以来一直处在衰退中。总统大笑着回答道："瘦死的骆驼比马大！你看到女王的钻石了吗？"[59]

一支无敌舰队
UNE INVINCIBLE ARMADA

2012 年 6 月 3 日 伦敦

2012 年是伊丽莎白二世登基六十周年，这一年举办了盛大的庆祝活动。在她之前，只有她庄严的高祖母维多利亚女王才有机会庆祝钻禧。1897 年 6 月 22 日，在炎炎烈日下，这位"欧洲的祖母"坐在马车上检阅张灯结彩的伦敦城。115 年之后，她的曾孙女则不得不在雨水中庆祝。虽然气温只有 12 摄氏度，但英国人的热情远没有被浇灭。因为这个节日有着独一无二的形式：女王和她的家人并不会乘坐兰道车或者别的四轮马车，而是会乘坐"查特韦尔精神号"游轮，在泰晤士河上航行。这是一艘完全按照 18 世纪皇家游艇的式样重新装修的游轮。另外，从巴特西公园到伦敦塔桥，总共将有千余艘各式各样的船只护航，其中有贡多拉、长船、毛利人独木舟和各种大小的独木舟……与其说是一只无敌舰队，不如说是一场类似船队嘉年华的大游行。这个节目，女王既是观众，又是主要看点。这次庆典期间，女王放弃了自 2000 年以来就一直佩戴的钟形帽，转而拥抱创意，选择了一顶全新的帽子。凯利和迈凯伦从 16 世纪的服饰中汲取灵感，那是由另一个伊丽莎白女王*所创造的黄金时代。两个设计师制作了一顶斜帽檐的帽子，内衬丝绸平纹针织面料，并饰

---

* 指伊丽莎白一世（Elizabeth I），1533 年 9 月 7 日至 1603 年 3 月 24 日在位，是英国都铎王朝的最后一位英格兰及爱尔兰女王。在其统治期间，英格兰成为欧洲最强大的国家之一，英格兰文化也在此期间达到了一个顶峰，被誉为英国历史上的"黄金时代"。

有剪裁过的羽毛以及水钻。当女王把它戴在头上时，就标志着长达两年的设计和制作工作圆满完成。

钻禧的庆祝活动远远不止泰晤士河上的船队大游行，尽管这一嘉年华让人印象深刻。不要忘记白金汉宫前的大型音乐会、圣保罗大教堂的谢主恩仪式、飞行表演和街头的野餐活动……这些庆祝活动推动了当地旅游业的发展，而且当年正值伦敦奥运会，整个英国旅游业都在准备迎接创纪录的一年。难道女王不是世界上最著名的女人吗？她的人气可能是伦敦从国际奥林匹克委员会手中拿到奥运会举办权的一个有力论据。在开幕式上，伊丽莎白二世与演员丹尼尔·克雷格（Daniel Craig），即詹姆斯·邦德（James Bond）的扮演者共同出演了一部短片，而女王会在其中扮演自己。9亿电视观众疯狂鼓掌。不受欢迎的岁月已被遗忘，温莎已经成为一个全球品牌，而女王则是它的代言人。王室再次成为全世界向往的对象，而且并不局限于年轻一代。华威商学院通过研究发现，伊丽莎白二世已经成为一个在中国效果惊人的营销卖点！研究中，有四分之一的中国人认为，她是排在大本钟或者伦敦塔之前的英国象征；其中有57%的人甚至说只要看到产品上的女王形象，他们就想打开钱包购买。难怪不管是在白金汉宫的礼品店还是在网店，印有女王肖像的杯子都能大卖，而且带有女王徽章的纪念饼干盒的销售也很火爆。英国君主制已经成为一个利润丰厚的产业，每年仅纪念品销售这一项就能给白金汉宫带来高达2000万欧元的收入。

淡紫色革命
LA RÉVOLUTION LILAS

2014 年 4 月 3 日 罗马

只有在非常罕见的场合，女王才会穿黑色礼服，如葬礼、每年 11 月第二个星期日的"阵亡将士纪念日"，以及在罗马拜访教皇时——至少在 21 世纪初之前是如此。

伊丽莎白二世一共会见过五位教皇。1951 年，当时还是王储的她会见了庇护十二世；1961 年她拜访了若望二十三世；1980 年、1982 年和 2000 年，她分三次会见了若望·保禄二世；2010 年，本笃十六世来伦敦访问；2014 年，她会见了教皇方济各，彼时她已经 14 年没有踏足罗马了。14 年，这对时尚来说就像一个世纪那么长，足以发生一次小型的服饰革命了。自 1951 年以来，女王陛下每次同教皇会面时都身着黑色礼服，一丝不苟地尊重习俗。黑色是虔诚者的颜色，也适合这一场合。此外，女王还穿着长袖和高领，披着头纱，而这也是教皇陛下的礼宾处所强烈推荐的。只有少数几位罕见的天主教君主和公主被赐予了"白衣特权"，可以一身洁白地出席有教皇参与的活动，他们分别是西班牙王后、比利时女王、卢森堡大公夫人、摩纳哥公主，以及身为萨伏伊家族（这一家族宣称拥有已经不复存在的意大利王国王位的所有权）族长夫人的那不勒斯公主。

女王的帽子：伊丽莎白二世的传奇人生

181

然而，荷兰的马克西玛王后虽是天主教徒，却没有获得穿白衣的权力，因为她的丈夫是新教徒。至于伊丽莎白二世，她不仅是一名新教徒，而且还是拥有 8000 万信徒的英格兰教会的最高领袖。

所以，2014 年 4 月 3 日，女王身着淡紫色的套装，没有戴头纱，而是戴着一顶装饰着丝绸质地的花朵、看上去像"简单"缝制的草帽去拜访教皇方济各，是什么惹到她了呢？从官方层面来说，这只是一次私人会面。但所谓的私人会面只是徒有其名，因为整个过程都有摄影师跟随。这样的服饰安排是因为时间太紧凑了吗？毕竟伊丽莎白二世和菲利普亲王当天早上刚抵达罗马，并且当晚就得离开。而当天中

女王一身淡紫色会见教皇方济各，是什么惹到她了呢？

午他们还在与乔治·纳波利塔诺（Giorgio Npolitano）总统共进午餐。很难想象女王在餐桌前戴着面纱，一边与东道主交谈，一边等待着下午与教皇会面的样子。在意大利共和国总统府奎里纳尔宫更难有换衣服的机会。在这种情况下，实用主义获胜了，当然，赢家还有现代主义。伴随着新教皇方济各的登基，一股新风正吹向天主教会。记者乔安娜·莫赫德（Joanna Moorhead）认为，这套淡紫色的礼服代表着与女性权益相关的积极变化："教皇方济各向我们表明，即使是在他的世界，女性也可以正常地生活，她们可以真正地做自己，可以举止自然，不受约束。"女性不需要再像过去一样，用黑色的衣服遮掩自己的魅力。卡米拉可能明白了这个革命性的趋势。2017年，卡米拉王妃在拜访教皇方济各时并没有戴帽子，而且穿了一套奶白色的礼服。当然，她选择的是奶白色而非纯白色，以免冒犯那些仍对"白衣特权"敝帚自珍的人。

玫瑰人生
LA VIE EN ROSES

2014 年 6 月 7 日 巴黎

巴黎西岱岛的伊丽莎白二世花卉市场以女王的名字命名，女王特意戴了一顶装饰着玫瑰的帽子为其剪彩。它由凯利设计，由迈凯伦制作而成。不管这顶帽子的设计是出于特别的敬意还是纯属巧合，巴黎人再次被女王的着装征服了。2014 年 6 月 7 日，女王结束了对法国为期三天的国事访问，这是她在位 62 年间第五次访问法国。她路过的花店纷纷给她送上成堆的山茶花、绣球花、兰花……其中有一位花店老板甚至还没忘记一直不知疲倦地陪伴在女王身边的菲利普亲王。他专门为亲王准备了一款花宫娜出品的淡香水，这是格拉斯最古老的香水厂之一。他的热情打动了女王，女王跟他亲切交谈，甚至吐露了知心话：她没有最爱的花，所有的花她都喜欢。

鲜花已经是温莎家族历史的一部分了。自 1916 年玛丽王后首次亲临伦敦的切尔西花展之后，以后的每一年，王室成员都会参加这一花展。而最盛大的一次，当属 1937 年伊丽莎白二世父母的加冕年了。当时有加拿大的松树、肯尼亚的菖兰，还有澳大利亚的金合欢，一同庆祝大英帝国君主的登基。伊丽莎白二世也坚持了这一传统。她的继承人查尔斯王子被誉为联合王国最好的园丁之一。在他的精心打理下，他在格洛斯特郡的海格罗夫庄园已经成为英国最著名的花园之一。通过将西岱岛上的花卉市场冠以女王之名，巴黎市政厅完美地诠释了什么叫"赠人玫瑰，手留余香"。伊丽莎白二世在她88岁这一年，加入了在法国首都留名的王室前辈们的光荣行列，他们的名字至今都在巴黎各处的路牌上永垂不朽，如维多利亚大道、爱德华七世广场、乔治五世大道，等等。当然，她的父亲并没有获得这一殊荣，因为他被温斯顿·丘吉尔（Winston Churchill）抢先一步。至于她的伯父，不祥的爱德华八世，没有人想过要以他的名字命名一条街道。巴黎市政厅已经仁至义尽了，他们以很少的费用将一座位于布洛涅森林旁的宏伟豪宅租给了前国王，他和他的妻子一直在那里住到他去世。而伊丽莎白二世是在有生之年获得的这一荣誉，这极为罕见，体现了巴黎人对女王崇高的敬意。当然，在巴黎议会中，还是有一些市议员反对这一提议。极左翼的人士尤为气愤，因为罗伯斯庇尔都还没有获得这一荣誉呢！而伊丽莎白二世经过时响起的一声声"女王万岁"，无疑会让1792年的革命者们在他们的坟墓中气得活过来。

虽然如此，伊丽莎白二世并不是空手而来。在弗朗索瓦·奥朗德（François Hollande）总统和巴黎市长安妮·伊达尔戈（Anne Hidalgo）的陪同下，女王在西岱岛为艺术家黛安·麦克林（Diane Maclean）的纪念雕塑揭幕。这是一个两米多高的不锈钢作品，形状是一本打开的书。这份礼物同时也象征着法国和英国之间的未来"有待书写"。2015年，这本"打开的书"被放置在位于巴蒂诺尔区中心的马丁·路德·金（Martin Luther King）公园。

一顶反脱欧的帽子？
UN CHAPEAU ANTI-BREXIT ?

2017 年 6 月 17 日 伦敦

女王头上戴着的是欧洲联盟盟旗吗？2017 年 6 月 17 日，全世界都在猜测这一问题的答案。自从一年前欧洲怀疑论者在脱欧公投中胜出之后，英国就一直处于脱欧危机中。伊丽莎白二世在主持议会开幕式时所佩戴的点缀着黄色珍珠花的蓝色帽子，不禁让人联想起象征着欧洲的蓝天金星旗。这仿佛不是一顶帽子，而是一声政治号角！各种媒体无休止地揣测着女王这个奇怪的选择，《卫报》不解地问道："这究竟是一道暗语还是一顶单纯的照片墙（Instagram）风格的帽子？这仅仅是为了向凡高（Van Gogh）的名画《星月夜》致敬，还是为了给英国的脱欧谈判蒙上阴影？这到底是皇家紫还是浪凡蓝？"女王的着装很少会像这次一样引起整个权力圈的动荡。

的确，当时的背景无法让激动的人士用冷静的目光看待女王的这一选择。英国脱欧所带来的阵痛让全国上下，特别是英国的政治生活发生了巨大的变化。英国首相特蕾莎·梅（Theresa May）呼吁提前举行大选。2017 年 6 月 8 日，英国民众纷纷赶往投票点。通常在秋季举行的议会开幕仪式本是女王每年日程中最重要的活动之一，然而这一次女王却不得不在 17 日紧急为提前大选后组成的新议会开幕。开幕

仪式自1852年以来几乎没有发生过变动，而这次提前幅度如此之大，就不可能做到尽善尽美。这一次，伊丽莎白二世不会穿御礼袍，那是一件长达4.5米的长袍，由貂皮披肩及绛红天鹅绒长裙摆等组成。她也不会戴帝国皇冠，四轮华丽马车也会留在马厩里。一切都将以标准允许的最低水平进行，而这自1974年以后便从未发生过了，当时是因为工党领袖哈罗德·威尔逊（Harold Wilson）再次在提前选举中获胜。那一次，女王也是在没戴皇冠的情况下主持的议会开幕式。43年后，她不得不再次做出同样的选择。

但是为什么要佩戴这样的帽子呢？这到底是单纯的巧合还是因为女王想发出某种政治信号？负责女王着装的侍女凯利将在2019年为各种猜测画上了一个句号。她在自己的书中写道："用来制作女王陛下礼服的面料已经准备好了。在仔细考察了女王即将出席的环境，并确保颜色协调之后，我画了一个草图，并连同我的要求一同发给了御用裁缝。接着，我和设计师迈凯伦坐在一起喝茶，讨论帽子的设计方案。我们选择了上翘的帽檐，这样不会遮挡女王的脸，可以让别人看得更清楚，女王也可以看到每个人……斯特拉和我从来没有想过，人们会认为我们在影射欧盟的旗帜。"[60] 尽管如此，这顶蓝色的帽子还是没有在争议中幸存下来。自那以后，帽檐上的黄色珍珠花就被一个大大的结替代，这无疑是为了让大家安心，以免引起不必要的质疑。

与梅根的第一次独处
PREMIER SOLO AVEC MEGHAN

2018 年 6 月 14 日　切斯特

2018 年 6 月 14 日，与哈里王子完婚仅三周后，刚成为萨塞克斯公爵夫人的梅根陪同伊丽莎白二世前往英格兰北部的切斯特。与君主单独相处是一种巨大的荣誉。在等待了至少八年之后，凯特才获得了这项殊荣，单独陪同女王参加活动。但是新公爵夫人惊人的人气让人无法抗拒。总共有 20 亿电视观众收看了梅根和哈里的婚礼！古老王室的新成员吸引了人们的注意力，尤其是年轻人。在他们眼中，温莎家族拘谨的形象并没有多么讨喜。因此，这次旅行除了表现出伊丽莎白二世对孙媳妇的疼爱之外，还是一场盛大的公关行动。梅根甚至受邀陪同女王一起乘坐皇家列车。要知道，迄今为止，这辆列车一直是为女王、菲利普亲王、查尔斯王子和他的妻子康沃尔公爵夫人所预留的。这不可避免地制造了一定的紧张局势，点燃了最初的嫉妒之火……

女王和萨塞克斯公爵夫人在前一天晚上离开伦敦启程前往切斯特。用过晚餐之后，皇家列车会特意停在一条预留的轨道上，以便让尊贵的旅客安然入睡。直到第二天早上，女王和她的旅伴才抵达目的地，当地政府在车站迎接她们的到来。女王首先下车，她穿着一件由时装设计师帕尔文设计的亮绿色外套，戴着一顶由设计师特雷弗－摩根制作的配套帽子。这并不是女王第一次穿戴这一套服饰，她在参加2014年6月6日在法国乌伊斯特勒昂小镇举行的诺曼底登陆70周年纪念活动中也穿戴着同样的衣服和帽子。女王之所以选择这个颜色，是为了悼念2017年6月14日格伦费尔塔火灾的72名遇难者。火灾发生后的一年，英国人每天都穿着一抹绿色来悼念这场悲剧的受害者。

至于梅根，她选择了法国时装品牌纪梵希出品的一条灰色连衣裙，她的婚纱也来自同一个品牌。但她没有佩戴帽子，这是为了标新立异吗？对她来说，这次旅行同样很成功。整个旅途中，萨塞克斯公爵夫人没有任何失误。和女王一起上车时，她略微犹豫了一下，似乎在考虑她应当坐在哪一个位置。"您想坐哪个位置？"她简单地询问女王。"你坐前排吧！"伊丽莎白二世笑着回答道。

谁能想到，一年半之后，这位冉冉升起的王室新星，因为厌倦了小报的不断攻击，甚至可能厌倦了王室的存在，会选择放弃这一切？然而……

刚到伦敦的时候，
我发现帽子上的花儿太多了！
—— 玛丽·奥雷根

女王的帽子：伊丽莎白二世的传奇人生

嘉德勋章
L'ORDRE DE LA JARRETIÈRE

2019 年 6 月 17 日　温莎

1348 年，英格兰国王爱德华三世取得了一场巨大的胜利。他的军队在克雷西打败了法国人，并在 11 个月的围城战后终于占领了加来。此后的两个多世纪内，这座城市都受英国人统治，直到 1558 年才回归法国。英国人显然在这场百年战争中处于上风。凯旋之后，国王决定遵循亚瑟王的正统，设立一个全新的骑士勋章，而此时中世纪行将结束。根据传说，国王将从一场悲剧中寻得机会。在一场舞会上，他的情妇索尔兹伯里伯爵夫人在跳舞时把吊袜带弄掉了，可怜的女士成为舞池中众人的笑柄。英勇的爱德华三世捡起袜带，系在他的小腿上。"心怀邪念者蒙羞！"* 那些刚刚还在嘲笑不幸的伯爵夫人的人，现在就努力效仿国王的行为并以此为荣——嘉德勋章就此诞生。

1948 年，另一场战争的英雄乔治六世决定将所有的荣耀一并归于这个英国最古老的勋章。为庆祝嘉德骑士团创建六百年，王室在温莎城堡举办了一个多世纪以来

---

*　"嘉德"两字原意即为袜带，这一句话正是嘉德骑士团的格言。

最奢华的封赏仪式。借此机会，乔治六世将嘉德勋章颁发给他的女婿菲利普，而伊丽莎白也因此被冠以"夫人"的头衔。尊重父辈遗产的伊丽莎白二世当然热衷于延续这一传统。每年春天，她都会将骑士团的成员召集到温莎城堡。这一勋章完全凭君主的意愿来颁发，并且最初骑士团成员总数不超过24位。现在，这一勋章演变成表彰来自不同社会背景的人为国家所做出的贡献和努力，当然，君主的家人也是勋章的颁发对象，例如，女王就将这一勋章颁发给了安妮公主、威廉王子和爱德华王子。

2019年6月17日，女王陛下准备为两位国王授勋，他们分别是西班牙国王费利佩六世（Felipe VI）和荷兰国王威廉-亚历山大（Willem-Alexander）。两位国王分别因其在2017年和2018年对英国进行国事访问期间的出色表现而获得这一骑士称号。接过勋章之后，西班牙国王和荷兰国王就像乔治六世和他的家人在1948年所做的那样，和他们的新战友一起列队游行。此次深受游客欢迎的盛大仪式唯一的"疏漏"在于，由于年龄的关系，女王不得不乘坐皇家宾利观礼……虽然如此，作为嘉德骑士团效忠的君主，伊丽莎白二世的穿着仍严格符合授勋仪式的惯例：一件深蓝色天鹅绒外套和一顶都铎风格的带有鸵鸟羽毛的帽子（但这一身装束已经与爱德华三世时期的嘉德骑士们的着装相去甚远，他们当时身穿羊毛束腰外衣，头戴风帽……）

不只有西班牙和荷兰两国的国王受到过伊丽莎白二世的嘉奖。在他们之前，已经有多位外国君主获得了这一荣誉，其中有丹麦女王玛格丽特二世（Margrethe II）、瑞典国王卡尔十六世·古斯塔夫（Carl XVI Gustaf）、西班牙国王胡安·卡洛斯一世（Juan Carlos I），以及挪威国王哈拉尔五世（Harald V）……但他们手中的勋章还有可能被剥夺！奥匈帝国的弗朗茨·约瑟夫一世（Franz Joseph I）和德意志皇帝威廉二世（Wilhelm II）就属于这种情况。1915年，因为身处敌对阵营，他们的勋章被乔治五世剥夺。日本的昭和天皇裕仁于1929年获得嘉德勋章，但在第二次世界大战期间，他被英国宣布为不受欢迎的人，其勋章也被剥夺。但是在1971年，伊丽莎白二世再次为昭和天皇颁发了这一勋章。

民族英雄
LE HÉROS DE LA NATION

2020 年 7 月 17 日　温莎

伴随着风笛的声音，女王陛下缓缓地穿过温莎城堡的庭院。汤姆·穆尔上尉（Captain Tom Moore）正站着靠在他那著名的助行器上，等待着女王的到来。最近几个月，这位参加过印度和缅甸战役的百岁高龄二战老兵，成了新型冠状病毒肺炎疫情肆虐期间英国人民心目中的民族英雄。

2020 年 4 月 6 日，在百岁生日前四个星期，行动不便的上尉对自己发起了挑战：他要绕着他的花园走 100 圈。虽然一圈只有 25 米长，但对老人来说，这是一次真正的壮举，因为他紧接着宣布将为护理人员线上筹集善款。汤姆上尉的目标是筹集到 1000 英镑。很快，社交网络和媒体就注意到了这场挑战。汤姆上尉成了整个国家的偶像。民众的热情如此之高，上尉在短短四天之内就达到了既定的目标。但既然已经上路，潇洒的挑战者就不会停下脚步，更何况他还受到全国民众的鼓舞。最终，他筹集到的善款总额超过 3200 万英镑！在首相约翰逊的提议下，女王决定为他授勋。2020 年 7 月 17 日，带着毫不掩饰的喜悦之情，伊丽莎白二世拿着她父亲乔治六世国王的剑主持了仪式，册封汤姆上尉为爵士。

为了这个场合，女王选择了一件薄荷绿的外套和一条碎花连衣裙。她还戴上了一顶与衣服同色的新帽子，这是凯利设计的，并由迈凯伦用羊毛绉纱在草帽上缝制而成。帽子上还装饰着由秸秆制成的叶片和花朵，以及小心地裁剪成箭头形状的羽毛。诚然，为这样一位伟大的灵魂怎么打扮都不为过……但女王的帽子并不仅仅是为了让上尉高兴。当天早些时候，女王还秘密地参加了她的孙女约克的比阿特丽斯公主（Princess Beatrice of York）的婚礼。235 年以来，王室首次举行了一场小型的秘密婚礼，这让全世界的粉丝都大吃一惊。经过早上的奔波之后，女王告诉穆尔爵士："我的孙女今天早上结婚了。菲利普和我去参加了婚礼，一切都很顺利。"

直到第二天，人们才得以看到这场罕见婚礼的现场照片。新婚夫妇是比阿特丽斯和艾杜亚度·马佩利·莫茨（Edoardo Mapelli Mozzi）。从照片上可以看到他们在位于温莎城堡附近的诸圣皇家礼拜堂的出口处微笑。同样出现在照片中的还有伊丽莎白二世和菲利普亲王，女王戴着的正是当天晚些时候会见穆尔爵士时的同一顶帽子。婚礼原定于 2020 年 5 月 29 日举行，但突如其来的疫情让这对新人梦寐以求的盛大婚礼化为泡影。最终，只有不到 20 位客人受邀参加了这场小型婚礼。新娘坚持要向她的祖母致敬。她选择了女王在 1967 年为议会开幕时穿着的礼服作为婚纱，而这件礼服是由哈特内尔为女王设计的。礼服本身就可以被称作一座历史的纪念碑。这一次，不可或缺的凯利还亲自负责，为公主改造了这件礼服。

我们想念您
WE'VE MISSED YOU

2020 年 10 月 15 日 索尔兹伯里

由于新型冠状病毒肺炎疫情，女王已经七个月没有见过她的臣民了。直到 2020 年 10 月 15 日，英国人民才终于再次见到他们的君主。在长达 220 天的自我隔离（在温莎城堡、巴尔莫勒尔或桑德灵厄姆等处的行宫）之后，伊丽莎白二世在她的孙子威廉王子的陪同下，进行了疫情期间的第一次正式旅行。他们参观了国防部一间专门从事反恐工作的实验室。国民们热情高涨：女王身着粉色的套装！伊丽莎白二世头戴一顶宽沿花帽，看上去很放松，全身心都投入到她的工作之中——与公众接触。这表明没有什么能阻止女王开展工作，即使全球性流行病也不能。"自封城以来，我们最怀念的事物之一就是女王陛下色彩鲜艳、鼓舞人心的服饰。"《伦敦旗帜晚报》（ *London Evening Standard* ）如是说。即使是以严肃著称的《每日电讯报》（ *The Daily Telegraph* ）也感受到了粉红色所蕴含的力量："女王陛下天赋异禀，她专门选择粉红色来安抚国民，而这也是民众喜闻乐见的。"伊丽莎白二世不仅是一位伟大的沟通专家，也是一位懂得回收再利用的君主，而且她从不半途而废。2019 年 3 月，即差不多在英国全国封城的一年前，在和凯特一起参观伦敦国王学院时，她就已经穿戴过这件粉红色的外套和同色的帽子了。君主制是坚韧持久的。

但是，伊丽莎白二世既然都戴着帽子了，为什么不戴口罩呢？虽然女王陛下身体康健，但她仍然是一个快满95周岁的老人了。白金汉宫是否采取了严密的预防措施来保护君主呢？媒体纷纷质疑。白金汉宫试图辩解：所有的一切都遵守了防疫规定，地面上仔细地标明了每个人所站的位置，并严格保持了社交距离。根据白金汉宫的说法，实验室工作人员在"尽可能近的时间"内接受了检测，威廉王子也不例外。事后公众才了解到，威廉王子在访问前六个月，即2020年4月就感染了新型冠状病毒，而他的父亲查尔斯王子则在当年3月即被检测出阳性。最后，按照白金汉宫的解释，场地选择本身就是为了保证女王的健康：四面开放的库房本来就比需要一直通风的封闭房间更安全。而为了最大限度地避免与别人的接触，女王本人更是直接从温莎城堡乘坐直升机抵达现场，并45分钟之后即搭乘飞机离开。尽管如此，没有戴口罩这件事还是让一部分民众感到惊愕。

整个2020年，女王只在一个场合戴着口罩出现过，那是11月4日她在威斯敏斯特教堂参加无名烈士的悼念活动。按照规定，在各类封闭场所，包括教堂等礼拜场所，均需戴口罩。尽管女王几乎是独自一人身处于巨大的教堂中殿内，而且她的身边只有修道院院长大卫·霍伊尔（David Hoyle）牧师和她的侍从纳纳·科菲·特武马西－安克拉中校（Lieutnant Colonel Nana Kofi Twumasi-Ankrah），她还是按照规定戴上了口罩。女王已作出榜样。

永别了，菲利普
ADIEU PHILIP

2021 年 4 月 17 日 温莎

伦敦时间下午 2 点 38 分。菲利普亲王的灵柩被安放在车上从温莎城堡运往圣乔治教堂，这是一辆由他亲自参与设计改装的路虎汽车。人们步行送别这位特别的亲王，他享年 99 岁，一生精力充沛，"爱管闲事"。灵柩车后面跟着他的孩子们：查尔斯王子、安妮公主、安德鲁王子和爱德华王子，以及他的三个孙辈——威廉王子、彼得·菲利普斯（Peter Phillips）和哈里王子。还有他的女婿，安妮公主的丈夫蒂莫西·劳伦斯（Timothy Laurence）和他的侄子斯诺登伯爵。菲利普亲王最亲密的协作者们也跟在后面，包括他的私人保镖、私人秘书、两名侍从和两个贴身男仆。女王在一位女伴的陪同下，乘坐着皇家宾利，处在送行队伍的最后面。伊丽莎白二世送别了在她生命中陪伴了她 73 年的丈夫，而联合王国和英联邦则告别了拥有最高龄纪录的君主配偶。

因为疫情，葬礼只有 30 名出席者，而且彼此之间都保持了社交距离。伊丽莎白二世戴着口罩，独自坐在诗班席上。迈凯伦为她设计了一顶高帽檐的帽子，在各方面都同女王参加菲利普亲王的表妹、缅甸的蒙巴顿伯爵夫人帕特里夏·蒙巴顿

人们只能稍稍瞥见这顶帽子——出于尊重，英国广播公司的镜头只在女王身上短暂停留。

（Patricia Knatchbull，Countess Mountbatten of Burma）2017年的葬礼时所戴的那一顶相似。但是这一次，设计师选用了天鹅绒来制作这顶帽子的帽面，而不是用缎子。人们只能稍稍瞥见这顶帽子——出于尊重，英国广播公司的镜头只在女王身上短暂停留。观众们更多的是去猜测女王的状态，毕竟她在几天之后就年满95周岁了。

菲利普亲王生前曾明确表示拒绝国葬，他不希望像2002年伊丽莎白王太后或1997年戴安娜王妃离世时那样，惊动整个国家，而新型冠状病毒肺炎疫情会成为一个绝佳的理由。他的亲人们陪着他走完了最后一程，事实上，他的灵柩只是暂时安放在圣乔治教堂下的皇家地窖中，女王去世之后，他们会被合葬在一起。此外，在教堂外面，还有700多名士兵在缅怀他。要知道，在成为亲王之前，希腊和丹麦王子菲利普·蒙巴顿是一位战斗英雄，他曾是皇家海军中最年轻的军官之一。他所获得的61枚奖章中的一部分以及各种勋章被整整齐齐地放置在9个垫子上。他的灵柩上还放着他的元帅权杖、皇家空军之翼，以及海军帽和佩剑。

葬礼结束之后，女王和她的家人开始退场。伊丽莎白二世乘车返回温莎城堡，而她的家人们则选择步行。哈里王子一直在和王室冷战*，但这一次，他终于再次同他的哥哥威廉王子并肩而行。威尔士亲王的两个儿子终于又互相交谈了。几句对话之后，他们会有和好的希望吗？王室一家能够再次团结起来吗？他们的明天会更加强大吗？查尔斯能否应对未来等待着他的挑战呢？女王登基已经快70周年了，她不辞辛劳地走遍了全世界，在她离去之后，这顶王冠的未来会如何呢？作为一名女性，她以她的勇气、尊严和责任感在历史上留下了重重的一笔。从一个形象到另一个形象，从一个事件到另一个事件，女王或幸运或不幸，她头顶的帽子见证了一切。

---

* 2020年1月8日，在未知会白金汉宫的情况下，哈里王子与妻子梅根在社交媒体上宣布了退出王室公职的决定。1月18日，白金汉宫宣布，哈里、梅根今后将不再使用"殿下"头衔，不再履行王室职务，不再领取用于履行王室职务的公款，同时不再正式代表英国女王。

女帽设计师们
LES MODISTES

1. 模范小公主
   史密斯商店

2. 战场的呼唤
   本土防卫辅助服务队

3. 时尚课
   奥格·塔鲁普

4. 公主在巴黎
   奥格·塔鲁普

5. 军旗敬礼分列式
   奥格·塔鲁普

6. 唐纳德女士没有帽子戴了!
   奥格·塔鲁普

7. 纽约"马拉松"
   奥格·塔鲁普

8. 玛格丽特公主结婚了
   克劳德·圣西尔或西蒙娜·米尔曼

9. 风雨过后的灿烂阳光
   克劳德·圣西尔

10. 花儿的魅力
    西蒙娜·米尔曼

11. 意大利面帽
    西蒙娜·米尔曼

12. 迪基舅舅
    奥格·塔鲁普

13. 册封查尔斯
    西蒙娜·米尔曼

14. 与民众更近一步
    西蒙娜·米尔曼

15. 温莎公爵默默逝去
    弗雷德里克·福克斯或西蒙娜·米尔曼

16. 海克莱尔
    西蒙娜·米尔曼

17. 菊花宝座
    西蒙娜·米尔曼

18. 两顶帽子只要一顶的价
    弗雷德里克·福克斯和西蒙娜·米尔曼

19. 巴哈马的女主人们
    西蒙娜·米尔曼

20. 高风险任务
    西蒙娜·米尔曼

21. 阳光下的噩梦
    西蒙娜·米尔曼

22. 世纪婚礼
    西蒙娜·米尔曼

23. 谁想刺杀女王?
    玛丽·奥雷根

24. 世界尽头的女王
    弗雷德里克·福克斯

25. 迷人的陪伴者
    瓦莱丽·李

26. 为中国制造
    弗雷德里克·福克斯

27. 会说话的帽子
    弗雷德里克·福克斯

28. 多事之秋
    弗雷德里克·福克斯

29. 杰作
    玛丽·奥雷根

30. 世界为戴安娜哭泣
    弗雷德里克·福克斯

31. 一个时代的终结
    玛丽·奥雷根

32. 职业风险
    玛丽·奥雷根

33. 来自挪威的亲吻
    弗雷德里克·福克斯

34. 卫兵已完成交接
    菲利普·萨默维尔

35. 游园会
    菲利普·萨默维尔

36. 康沃尔公爵夫人
    弗雷德里克·福克斯

37. 头戴低帽的卡拉
    安吉拉·凯利和斯特拉·迈凯伦

38. 重回酋长国
    安吉拉·凯利和斯特拉·迈凯伦

39. 赌博开始了
    安吉拉·凯利和斯特拉·迈凯伦

40. 失而复得的和平
    蕾切尔·特雷弗－摩根

41. 亲爱的奥巴马夫妇
    安吉拉·凯利和斯特拉·迈凯伦

42. 一支无敌舰队
    安吉拉·凯利和斯特拉·迈凯伦

43. 淡紫色革命
    蕾切尔·特雷弗－摩根

44. 玫瑰人生
    安吉拉·凯利和斯特拉·迈凯伦

45. 一顶反脱欧的帽子？
    安吉拉·凯利和斯特拉·迈凯伦

46. 与梅根的第一次独处
    蕾切尔·特雷弗－摩根

47. 嘉德勋章
    埃德和拉芬斯克洛夫

48. 民族英雄
    安吉拉·凯利和斯特拉·迈凯伦

49. 我们想念您
    蕾切尔·特雷弗－摩根

50. 永别了，菲利普
    安吉拉·凯利和斯特拉·迈凯伦

原注 NOTES

前言

1 – Jacqueline Demornex, *Le Siècle en chapeaux. Claude Saint-Cyr, histoire d'une modiste*, éditions du May, 1991.

2 – Mabell Ogilvy, *Thatched with Gold: The Memoirs of Mabell, Countess of Airlie*, Hutchinson & Co., 1962.

3 – *The Londonderry Sentinel*, 11 avril 1953.

4 – Aage Thaarup, Dora Shackell, *Heads and Tales*, Cassell & Company Ltd., 1956.

5 – Demornex, op. cit.

6 – 西蒙娜·米尔曼与她的丈夫塞尔日·米尔曼是工作搭档。为了吸引媒体的关注，后者设计了很多奇形怪状的帽子。他们通过这种方式维持了自己的曝光度。

7 – *Daily Mirror*, 29 septembre 1965.

8 – Il s'agit de Ian Thomas, interviewé par le *Evening Express*, 22 octobre 1976.

9 – *Liverpool Echo*, 14 septembre 1982.

10 – Angela Kelly, *The Other Side of the Coin, The Queen, the Dresser and the Wardrobe*, Harper Collins Publishers, 2019.

11 – Demornex, op. cit.

12 – 2021年2月25日，作者访谈。

13 – *Ibid*.

14 – Frederick Fox, Linda Sandino, *An Oral History of British Fashion*, retranscription de cinq interviews données à la British Library, National Life Story Collection, 2004.

15 – 2021年2月16日，作者访谈。

16 – 出自伊安·托马斯的一封未具日期的信，该信藏于玛丽·奥雷根的个人档案资料。

17 – 出自2016年12月26日《每日电讯报》对卡罗琳娜·德·吉托（负责"君王时尚：女王衣橱90年风格变迁"大型展览的专员）的采访。

18 – Fox, Sandino, op. cit.

19 – Kelly, op. cit.

20 – Fox, Sandino, op. cit.

21 – Mike Southon, *The Millinery Lesson*, film documentaire, Nodal Point Media, 2017.

22 — 2021 年 2 月 16 日，作者访谈。

23 — 出自 2007 年 2 月 25 日伊丽莎白二世给菲利普·萨默维尔手书的一封信。该信于 2015 年 3 月 20 日由弗雷泽手稿收藏公司拍卖。

24 — 在 1980 年代到 2000 年代为女王服务过的时装设计师中，有约翰·安德森，卡尔－路德维希·雷泽，莫琳·罗斯和彼得·恩里奥内。

正文

1 — Marion Crawford, *The Little Princesses, The Story of the Queen's Childhood by her Nanny*, Cassell & Co Ltd., 1950.

2 — *Ibid*.

3 — *Ibid*.

4 — Graham Viney, *The Last Hurrah: South Africa and the Royal Tour of 1947*, Jonathan Ball Publishers, 2018.

5 — Thaarup, Shackell, op. cit.

6 — *France-Soir*, 15 mai 1948.

7 — Anne Edwards, *The Queen's clothes*, Express Newspapers Ltd. & Elm Tree Books, 1976.

8 — *Ce Soir,* 14 mai 1948.

9 — Thaarup, Shackell, op. cit.

10 — *Ibid*.

11 — Cité par *Halifax Daily Courier and Guardian*, 20 juin 1957.

12 — *Daily Mirror*, 22 octobre 1957.

13 — Demornex, op. cit.

14 — *Ibid.*

15 — *Daily Mirror*, 4 février 1961.

16 — *Reading Standard*, 23 juin 1961.

17 — *Coventry Evening Telegraph*, 29 janvier 1960.

18 — *Reading Standard*, 23 juin 1961.

19 — *The Birmingham Post*, 18 janvier 1966.

20 — Entretien avec l'auteur, 25 février 2021.

21 — *Daily Mirror*, 27 juillet 1965.

22 — *Daily Mirror*, 5 août 1965.

23 — Alan Rosenthal, *The New Documentary in Action: A Casebook in Film Making*, University of California Press Ltd., 1971.

24 — Robert Lacey, *Monarch: The Life and Reign of Elizabeth II*, Free Press, 2002.

25 — Hugo Vickers, *Behind Closed Doors: The Tragic, Untold Story of the Duchess of Windso*, Hutchinson, 2011.

26 — Léon Zitrone, *Au bout de mes jumelles*, Buchet/Chastel, 1975.

27 — Isabelle Rivère, *Elizabeth II, dans l'intimité du règne*, Fayard, 2020.

28 — Hugh Cortazzi, *Japan Experiences: Fifty Years, One Hundred Views, Post-War Japan through British Eyes, 1945-2000*, Japan Society Publications, 2001.

29 — Fox, Sandino, op cit.

30 — *Ibid.*

31 — *The Birmingham Post*, 3 août 1979.

32 — *Sunday Mirror*, 5 août 1979.

33 — Robert Hardman, *Our Queen*, Hutchinson, 2011.

34 — *Liverpool Echo*, 14 septembre 1982.

35 — *Ibid.*

36 — 出自 1981 年 10 月 20 日菲利普亲王写给新西兰首相罗伯特·马尔登的感谢信。

37 — *Liverpool Echo*, 15 octobre 1981.

38 — Stanley Dalby, Taliu Eli, Don Murray, *Change in Tuvalu*, film documentaire, Film Australia, 1983.

39 – *Daily Mirror*, 29 mars 1984.

40 – *Ibid*.

41 – *Sunday Mirror*, 1er avril 1984.

42 – *Ibid*.

43 – *The Courier and Advertiser*, 15 octobre 1986.

44 – Fox, Sandino, op. cit.

45 – Robert Hardman, *Queen of the World*, Century, 2018.

46 – Nick Tanner, 1992, *The Queen's Worst Year*, film documentaire, Nent Studios UK, 2016.

47 – 2021 年 2 月 16 日，作者访谈。

48 – 第二顶帽子也是 2016 年大型回顾展览"君王时尚：女王衣橱 90 年风格变迁"的展品之一。

49 – *Irish Independent*, 7 mai 1994.

50 – *The Mirror*, 6 septembre 1997.

51 – *Ibid*.

52 – Kelly, op. cit.

53 – *Le Monde*, 25 janvier 2007.

54 – Isabelle Rivère, *Camilla & Charles*, Robert Laffont, 2004

55 – 卡米拉还拥有"罗撒西公爵夫人殿下""切斯特伯爵夫人""卡里克伯爵夫人"以及"伦福儒男爵夫人"的头衔。

56 – Penny Juno, *The Duchess, Camilla Parker Bowles and the Love Affair that Rocked the Crown*, Harper Collins Publishers, 2017.

57 – *Ibid*.

58 – Ben Rhodes, *The World As It Is. Inside the Obama White House*, Random House, 2018.

59 – *Ibid*.

60 – Kelly, op. cit.

参考文献
BIBLIOGRAPHIE

AMPHLETT Hilda,
Hats: A History of Fashion in Headwear, Dover Publications, 2003.

ANDERSON Robert,
Fifty Hats That Changed the World, The Design Museum, Conran Octopus Ltd., 2011.

BRICARD Isabelle,
Les dynasties régnantes d'Europe, Perrin, 2000.

CORTAZZI Hugh,
Japan Experiences: Fifty Years, One Hundred Views, Post-War Japan through British Eyes, 1945-2000, Japan Society Publications, 2001.

CRAWFORD Marion,
The Little Princesses, Cassel & Co Ltd., 1950.

DEMORNEX Jacqueline,
Le Siècle en chapeaux. Claude Saint-Cyr, histoire d'une modiste, éditions du May, 1991.

EDWARDS Anne,
The Queen's clothes, Express Newspapers Ltd. & Elm Tree Books, 1976.

GLENCONNER Anne,
Lady in Waiting: My Extraordinary Life in the Shadow of the Crown, Hodder & Stoughton Ltd., 2019.

HARDMAN Robert,
Our Queen, Hutchinson, 2011.

HARDMAN Robert,
Queen of the World, Century, 2018.

HARTNELL Norman,
Silver and Gold, Evan Brothers Ltd., 1955.

HOLMES Elizabeth,
HRH: So Many Thoughts on Royal Style, Celadon Books, 2020.

JONES Kathryn,
For the Royal Table: Dining at the Palace, Royal Collection Trust, 2008.

JUNOR Penny,
The Duchess: Camilla Parker Bowles and the Love Affair that Rocked the Crown, HarperCollins Publishers, 2017.

KELLY Angela,
The Other Side of the Coin: The Queen, the Dresser and the Wardrobe, HarperCollins Publishers, 2019.

KELLY Angela,
Dressing the Queen: The Jubilee Wardrobe, Royal Collection Trust, 2012.

KIMPTON Peter,
Edwardian Ladies' Hat Fashions: "Where Did You Get That Hat?", Pen and Sword Books Ltd., 2017.

LACEY Robert,
Monarch: The Life and Reign of Elizabeth II, Free Press, 2002.

LACEY Robert,
A Brief Life of The Queen, Duckworth Overlook, 2012.

LE MAUX Nicole,
Histoire du chapeau féminin, Charles Massin, 2000.

MARSCHNER Joanna, BEHLEN Beatrice,
Hats and Handbags: Accessories from the Royal Wardrobe, Kensington Palace, Historical Royal Palaces, 2003.

MEYER-STABLEY Bertrand,
La Véritable Duchesse de Windsor, Pygmalion, 2002.

OBAMA Michelle,
Devenir, Fayard, 2018.

OGILVY Mabell,
Thatched with Gold: The Memoirs of Mabell, Countess of Airlie, Hutchinson & Co. Ltd., 1962.

PEAT Rachel,
Japan, Court and Culture, Royal Collection Trust, 2020.

PICK Michael,
Hardy Amies, ACC Art Books, 2012.

PICK Michael,
Norman Hartnell: The Biography, Zuleika Books & Publishing, 2019.

PIGOTT Peter,
Royal Transport: An Inside Look at the History of Royal Travel, Dundurn Press, 2005.

RHODES Ben,
The World As It Is: Inside the Obama White House, Random House, 2018.

RHODES Margaret,
The Final Curtsey, Umbria Press, 2011.

RIVÈRE Isabelle,
Elizabeth II, dans l'intimité du règne, Fayard, 2020.

RIVÈRE Isabelle,
Camilla & Charles, Robert Laffont, 2004.

SMITH Malcolm,
Hats: A Very Unatural History, Michigan State University Press, 2020.

THAARUP Aage, SHACKELL Dora,
Heads and Tales, Cassell & Company Ltd., 1956.

VICKERS Hugo,
Behind Closed Doors: The Tragic, Untold Story of the Duchess of Windsor, Hutchinson, 2011.

VINEY Graham,
The Last Hurrah: South Africa and the Royal Tour of 1947, Jonathan Ball Publishers, 2018.

WILLIAMS Kate,
Young Elizabeth: The Making of Our Queen, Weidenfeld & Nicolson Ltd., 2012.

ZIEGLER Philip,
King Edward VIII: The Official Biography, HarperCollins Publishers, 1991.

ZITRONE Léon,
Au bout de mes jumelles, Buchet/Chastel, 1975.

图片版权
CRÉDITS

p.3 © Anwar Hussein / Getty Images

p.7 © Fox Photos / Getty Images

p.9 © Keystone / Getty Images

p.10 © Bettman / Getty Images

p.12 HD ©Tim Graham Photo Library via Getty Images

p.12 HG © Archives Marie O'Regan

p.12 BD © Ray Bellisario / Popperfoto via Getty Images / Getty Images

p.12 BG

p.13 ©Tim Graham Photo Library via Getty Images

p.15 HG © Chris Jackson / Getty Images

p.15HD © Serge Lemoine / Getty Images

p.15 BG&BD ©Tim Graham Photo Library via Getty Images

p.16© Tristan Fewings / BFC / Getty Images

pp.18-19 © Daily Mirror / Mirrorpix / Mirrorpix via Getty Images

p.21 © SCOTT BARBOUR / GETTY IMAGES / AFP

p.24 © Hulton-Deutsch Collection / CORBIS Corbis via Getty Images

p.28 © Popperfoto via Getty Images / Getty Images

p.32 © Rolls Press / Popperfoto via Getty Images / Getty Images

p.36 © KEYSTONE-France / Gamma-Rapho via Getty Images ;

p.40 © Bettman / Getty Images

p.44 © Popperfoto via Getty Images / Getty Images

p.48 © Ben Martin / Getty Images

pp.50-51 © Popperfoto via Getty Images / Getty Images

p.54 © Loomis Dean / The LIFE Picture Collection / Getty Image

p.58 © Popperfoto via Getty Images / Getty Images

pp.60-61 © Hulton-Deutsch Collection / CORBIS / Corbis via Getty Images

p.64 © Ray Bellisario / Popperfoto via Getty Images / Getty Images

p.68 © Kurt Rohwedder / picture alliance via Getty Images

p.72 © Fox Photos / Getty Images

p.76 © Hulton Archive / Getty Images

p.80 © Keystone / Hulton Archive / Getty Images

p.84 © Hulton Archive / Getty Images

p.88 © Michel GINFRAY / Gamma-Rapho via Getty Images

p.92 © Nik Wheeler / Corbis via Getty Images

p.94-95 © The Asahi Shimbun via Getty Images

p.98 © Popperfoto via Getty Images/ Getty Images

p.102, p.106 © Anwar Hussein / Getty Images

p.110 © Francis Apesteguy / Getty Images

p.114 © Tim Graham Photo Library via Getty Images

p.118, p.122 © Anwar Hussein / Getty Images

p.126 © Popperfoto via Getty Images / Getty Images

p.130, p.134, pp.136-137, p.140, p.144 © Graham Photo Library via Getty Images

pp.146-147 © Pool Bassignac / Gaillarde / Simon / Gamma-Rapho via Getty Images

p.150 © John Shelley Collection / Avalon / Getty Images

p.154, p.158 © Tim Graham Photo Library via Getty Images

p.162 © John Shelley Collection / Avalon / Getty Images

p.166 © Anwar Hussein Collection / ROTA / WireImage

p.170 © Mark Cuthbert / UK Press via Getty Images

p.174 © Anwar Hussein Collection / ROTA / WireImage

p.178 © Pool Interagences / Gamma-Rapho via Getty Images

p.182, p.186 © Chris Jackson / Getty Images

pp.188-189 © Paul Cunningham / Corbis via Getty Images

p.192 © Samir Hussein / WireImage / Getty Images

p.196 © Rota / Anwar Hussein / Getty Images

p.200 © Mark Cuthbert / UK Press via Getty Images

p.2014 © Vatican Pool / Getty Images

p.208 © Chris Jackson/Getty Images

p.212 © Carl Court / Getty Images / AFP

p.216 © Mark Cuthbert / UK Press via Getty Images

p.220 © Patrick van Katwijk / Getty Images

p.224 © Chris Jackson/Getty Images

p.228 © Ben Stansall - WPA Pool / Getty Images

p.232 © Jonathan Brady - WPA Pool / Getty Images

致谢
REMERCIEMENTS

首先，我要特别感谢女王的女帽设计师玛丽·奥雷根和她的儿子斯蒂芬·奥雷根。我还要感谢另一位才华横溢的女帽设计师西蒙娜·米尔曼的女儿苏菲·米尔曼，以及自20世纪40年代以来，所有为女王服务过的设计师：奥格·塔鲁普、克劳德·圣西尔、弗雷德里克·福克斯、菲利普·萨默维尔、瓦莱丽·李、安吉拉·凯利、斯特拉·迈凯伦和蕾切尔·特雷弗－摩根。

此外，我还要感谢斯蒂芬妮·威斯勒，以及英国女帽协会的斯蒂芬妮·斯坦威。正是在你们的引领下，我才得以进入这个激动人心的领域。谢谢阿拉斯泰尔·布鲁斯那亲切的目光，同时也要感谢本人所在的《观点》杂志团队的大力支持，特别是阿德莱德·德·克莱蒙－通纳尔、娜塔莉·卢罗、伊莎贝尔·里韦尔、弗朗索瓦·比约、塞尔范娜·拉贝、卡罗琳·拉扎尔和埃尔芒斯·米尔居。感谢迈克·苏森导演，感谢巴黎时尚博物馆的娜塔莉·古尔索。

我还要对我的编辑鲍里斯·吉尔伯特表示诚挚的感谢。没有他，这本书就不会问世。谢谢你，纪尧姆，感谢你一直以来的耐心与支持。

最后，感谢那些同样为本书做出了贡献但更愿意保持匿名的朋友。

另外，出版商特别感谢伊莎贝尔·迪卡。

托马·佩尔内特

Elizabeth II Les Chapeaux de la Couronne © Hachette-Livre (Editions EPA), 2021
Author: Thomas Pernette   Illustrator: Jason Raish   Foreword: Alastair Bruce
Simplified Chinese translation copyright © 2022
by China Translation & Publishing House
ALL RIGHTS RESERVED

著作权合同登记图字：01-2021-7345

图书在版编目（CIP）数据

女王的帽子：伊丽莎白二世的传奇人生 /（法）托马·佩尔内特，
（英）阿拉斯泰尔·布鲁斯著 ;（韩）杰森·赖许绘 ; 王柳棚译 .
— 北京：中译出版社，2022.9
ISBN 978-7-5001-7117-1

Ⅰ.①女… Ⅱ.①托… ②阿… ③杰… ④王… Ⅲ.①伊丽莎白二世 (Elizabeth Ⅱ 1926–)
– 传记 Ⅳ.① K835.617=6

中国版本图书馆 CIP 数据核字 (2022) 第 151675 号出版发行 中译出版社

女王的帽子：伊丽莎白二世的传奇人生
Elizabeth II Les Chapeaux de la Couronne

[法] 托马·佩尔内特 著 /[英] 阿拉斯泰尔·布鲁斯 著 /[韩] 杰森·赖许 绘
译　　者：王柳棚
责任编辑：温晓芳
装帧设计：单　勇

地　　址：北京市西城区新街口外大街 28 号普天德胜大厦主楼 4 层
电　　话：(010) 68002926
邮　　编：100044
电子邮箱：book@ctph.com.cn
网　　址：http://www.ctph.com.cn
印　　刷：北京盛通印刷股份有限公司
经　　销：新华书店
规　　格：787mm×1092mm　1/16
印　　张：15.75
字　　数：246 千字
版　　次：2022 年 9 月第 1 版
印　　次：2022 年 9 月第 1 次

ISBN 978-7-5001-7117-1
定　　价：136.00 元

版权所有　侵权必究
中译出版社